Das Buch

Als im Herbst ein Westdeutscher klagte, weil er den Solidarzuschlag für nicht rechtmäßig hielt, und das Finanzgericht in Hannover dies ebenso sah, weshalb nun das Bundesverfassungsgericht entscheiden soll, kommentierte Henryk M. Broder mit zynischer Zunge diese Steuer. Ja, sie sei so eine Art Sündengeld dafür, dass man im Westen 40 Jahre lang auf Kosten des Ostens in Saus und Braus gelebt habe.
Gewiss, der Soli-Zuschlag wird sowohl bei West- wie bei Ostdeutschen erhoben. Aber so weit liegt Broder diesmal nicht neben der Wahrheit: Die Ostdeutschen haben über Jahrzehnte zum Wohlstand der Bundesrepublik direkt und indirekt beigetragen sowie die Konten der Vermögenden und Herrschenden gefüllt. Insofern, so kommt der Autor dieses Buches zum Schluss, wäre es nur recht und keineswegs billig, wenn dafür die Ostdeutschen angemessen entschädigt würden. Klaus Blessing geht es in erster Linie jedoch nicht um Geld, sondern um die Anerkennung der Leistungen der DDR-Bürger in dieser Republik, was sich auch darin ausdrücken muss, dieser Region und diesen Menschen endlich eine Perspektive zu geben.

Der Autor

Klaus Blessing, Jahrgang 1936, studierter und promovierte Ökonom, arbeitete zwischen 1958 und 1970 in verschiedenen Funktionen in Betrieben und Kombinaten der Metallurgie, unter anderem war er Stellvertretender Ökonomischer Direktor im EKO Eisenhüttenstadt.
Ab 1970 leitete er im Industrieministerium für Erzbergbau, Metallurgie und Kali die Abteilung Ökonomie, 1980 wurde er Staatssekretär.
Von 1986 bis 1989 war Blessing im ZK der SED Leiter der Abteilung Maschinenbau/Metallurgie.
Publikationen: »Ist sozialistischer Kapitalismus möglich?«, edition ost, 2003; »Der ›moderne‹ Kapitalismus und die Notwendigkeit seiner Überwindung«, in: »Links oder lahm? Die neue Partei zwischen Auftrag und Anpassung«, herausgegeben von Ulrich Maurer und Hans Modrow, edition ost, 2006

Klaus Blessing

Die Schulden des Westens

Was hat die DDR zum Wohlstand der BRD beigetragen?

edition ost

Inhalt

Der Soli-Zuschlag ist eine Art Sündengeld dafür,
dass wir 40 Jahre lang auf Kosten des Ostens
in Saus und Braus lebten.

Henryk M. Broder
am 28. November 2009 um 8.15 Uhr auf *Radio 1* des *rbb*
als Reaktion auf die Feststellung
des niedersächsischen Finanzgerichts,
dass der Solidaritätszuschlag verfassungswidrig sei,
was nunmehr vom Bundesverfassungsgericht
geprüft und entschieden werden soll

Ostdeutschland verlor immer mehr Lebenskraft und Kreativität
an die Bundesrepublik, und das trug zu deren Blüte bei.

Bundespräsident Horst Köhler
im Deutschen Bundestag am 8. Mai 2005

Vorbemerkung des Autors

Vor etwa fünf Jahren habe ich gemeinsam mit Eckhart Damm und Matthias Werner im Selbstverlag »Die Schulden des Westens« heraus gebracht. Innerhalb kürzester Zeit wurde das Büchlein zu einem Bestseller im Osten. In ungezählten Meinungsäußerungen mündlicher und schriftlicher Art brachten Leser ihre Zustimmung zum Ausdruck. Sie begrüßten, dass mit dem vorliegenden Material die Probleme »vom Kopf auf die Füße« gestellt wurden. Der Osten Deutschlands wurde vom Nimbus eines undankbaren Nehmers befreit und der Nachweis geführt, dass es sich um einen ausgeplünderten Geber handelt. Als positiv wurde empfunden, dass keine propagandistische Polemik geführt, sondern eine durch Fakten und Beweise untersetzte Berechnung vorgelegt wurde.

Im Ergebnis unserer Berechnungen hatten wir den Schaden Ost und Nutzen West mit über sieben Billionen DM beziffert.

Auf vielen Diskussionsforen bestärkten mich die Teilnehmer, diese politisch dringend notwendige Auseinandersetzung weiter zu führen. Der will ich mich nicht entziehen. Sie erscheint umso notwendiger, als die herrschende Klasse und ihre Massenmedien in geradezu hysterischer Weise den Verleumdungsfeldzug gegen einen Staat führen, der 1990 aufgehört hat zu existieren. Keine Lüge ist zu groß, kein Schmutz zu tief, um nicht gegen die DDR verwendet zu werden.

Ein Zeichen der Stärke und Überlegenheit des in seine tiefste Existenzkrise geratenen »siegreichen« Gesellschaftssystems ist das gewiss nicht. Eher schaut die erbärmliche Angst aus jedem Wort und jeder Zeile, dass immer mehr Menschen auf die Idee kommen könnten, andere, wirksame Alternativen als die einer in Inhalt und Niveau jammervollen schwarz-gelben Koalition kreierten zu suchen und zu finden.

Mit der vorliegenden Weiterführung der Analysen und Gedanken will ich dazu auf ökonomischem Gebiet meinen Beitrag leisten. Mir geht es nicht darum, die DDR nostalgisch zu verklären und Defizite und Mängel zu verschweigen oder zu vertuschen. Ganz im

Gegenteil: Ich halte es für zwingend erforderlich, dass von linken Positionen aus endlich eine schlüssige Antwort auf die Frage gegeben wird, *warum* unser sozialistisches Gesellschaftssystem den Praxistest nicht bestanden hat.

Um die Beantwortung dieser Frage drücke ich mich nicht.

Ebenso wichtig aber ist es, mit Fakten die haltlosen Verleumdungen des politischen Gegners – »Pleite«, »Bankrott«, »Zusammenbruch«, »Kollaps« der DDR-Wirtschaft – zu widerlegen. Diese bar jeglicher Sachkenntnis kolportierten Thesen fanden inzwischen Eingang selbst in einige linke Kreise.

Ich betone, dass meine Argumente nicht platte Agitation sind, sondern auf bewiesenen und belegten Fakten fußen.

Dazu habe ich Materialien ausgewertet, die eigentlich jedermann und jederfrau zugänglich sind. Ich verweise auf das »Statistische Jahrbuch der DDR 1990«. Das ist ein realistisches Abschlussdokument über 40 Jahre DDR, erarbeitet ohne »korrigierenden« Einfluss Günter Mittags. Ich nenne das statistische Material des Zentrums für Historische Sozialforschung Köln[1], das erstmals einen Vergleich der sozial-ökonomischen Entwicklung der DDR von 1970 bis 1989 mit der BRD zu vergleichbaren statistisch berechneten Bedingungen gestattet. Daraus sind erstaunlich objektive Aussagen über die sozialökonomische Entwicklung beider deutscher Staaten zu gewinnen.

Bedeutungsvoll ist auch die Publikation von Ulrich Busch, Wolfgang Kühn und Klaus Steinitz[2], die diese Betrachtung bis zum Jahre 2007 fortführt und damit den Stand der deutschen Einheit realistisch ausweist. Ich danke Wolfgang Kühn, dass er mir bisher noch unveröffentlichte Zahlen zur Verfügung stellte.

Ich habe die Fakten so aufzuarbeiten und darzustellen versucht, dass auch komplizierte ökonomische Verhältnisse und Vorgänge verständlich werden. Deshalb wurden nur die wichtigsten statistischen Aussagen in den Text übernommen. Wer sich intensiver mit den Fakten beschäftigen möchte oder an bestimmten Aussagen zweifelt, den verweise ich auf die Statistiken in der Anlage.

In den Kapiteln I und II, im wesentlichen übernommen, schließen die politischen und ökonomischen Aussagen nicht mit dem Jahr 2000 ab, sondern werden nunmehr bis in die heutige Zeit weiter geführt. Die Kapitel III bis V sind völlig neu.

In Kapitel III werden die gängigsten Verleumdungen der DDR über »Pleite«, »Bankrott« und »Unproduktivität« widerlegt.

Von besonderer Brisanz ist vielleicht der Abschnitt »Ist das Wirtschaftssystem der DDR gescheitert?« Er steht im Widerspruch nicht nur zur Verleumdung des politischen Gegners, sondern auch zu Meinungen im linken Spektrum. Ich sehe darin einen Beitrag, die Ursachen unserer Niederlage prinzipieller zu analysieren.

Im Kapitel IV werden die Aussagen »Was die DDR zum Wohlstand der BRD beigetragen hat« quantifiziert. Der Bilanz über »Die Schulden des Westens« wird eine »Abschlussbilanz DDR« und eine »Anschlussbilanz DDR – 20 Jahre danach« hinzugefügt. Die »Zukunftsbilanz Ost« zeigt beängstigende Perspektiven.

Besondere Bedeutung messe ich dem abschließenden Kapitel V bei. Darin gehe ich der Frage nach, wie die weitere Ausplünderung Ostdeutschlands gestoppt werden kann.

Mein Hauptanliegen besteht darin, in Auswertung aktueller Untersuchungen, Studien, Expertisen, Veröffentlichungen und von Konferenzen Auswege aus der ostdeutschen Krise aufzuzeigen und dazu Kärfte zu mobilisieren. Geschichte, einschließlich ihrer polemischen Auseinandersetzung, sollte nicht um ihrer selbst willen geschehen, sondern um Schlussfolgerungen für Gegenwart und Zukunft zu ziehen.

Da die – politisch offenkundig gewollte – Gefahr besteht, die besonderen Probleme Ostdeutschlands im Sumpf der kapitalistischen Systemkrise insgesamt verschwinden zu lassen, halte ich die notwendigen Schlussfolgerungen für eigenständige ostdeutsche Lösungen für unverzichtbar.

Ich hoffe, mit dem vorliegenden Buch, eine Mobilisierung aller der Kräfte zu erreichen, die den Osten Deutschlands noch nicht aufgegeben haben und sich ihm politisch verpflichtet fühlen.

Klaus Blessing
Zeuthen, November 2009

Anmerkungen

1 Gerhard Heske, Bruttoinlandsprodukt, Verbrauch und Erwerbstätigkeit in Ostdeutschland 1970-2000. Zentrum für Historische Sozialforschung Köln, 2005, Heft 17

2 Ulrich Busch, Wolfgang Kühn, Klaus Steinitz, Entwicklung und Schrumpfung in Ostdeutschland. Aktuelle Probleme im 20. Jahr der Einheit. VSA-Verlag, Hamburg 2009

I. Westdeutsche Gewinne aus dem Anschluss der DDR

1. Alt-Nazis bereiten den Coup vor [1]

Angesichts des offenkundigen Desasters beim »Aufbau Ost« behaupten westdeutsche Politiker bis heute, dass sie 1990 von den Ereignissen überrollt wurden und natürlich kein Konzept für die Umwandlung einer Planwirtschaft der DDR in eine Marktwirtschaft der BRD haben konnten.

Westdeutsche Publizisten meinen: »Die Reise ins Abenteuer der Wiedervereinigung glich einem Blindflug in dichtem Nebel, und das in einem Flugzeug, das über keine Navigationsinstrumente verfügte.«[2]

Der denkende Mensch fragt: Wieso dieses, wo doch seit Jahrzehnten der »Tag X« vorbereitet worden war, der Alleinvertretungsanspruch die Politik der BRD auf allen Gebieten geprägt hatte und das Navigationssystem seit langem vorlag?

Die Tatsachen belegen eine jahrzehntelange Vorbereitung auf diesen Tag, es war kein Blindflug. Die Strategie für die feindliche Übernahme der DDR wurde bereits in den 50er und 60er Jahren durch die Adenauer-Regierung und ihr politisches und wirtschaftliches Management ausgearbeitet. Die geistigen Väter waren gestandene Nazigrößen.

Mit Beschluss der Adenauer-Regierung vom 12. Oktober 1952 wurde der »Forschungsbeirat für Fragen der Wiedervereinigung Deutschlands« gebildet. Seine Aufgabe bestand darin, »die bei der Wiedervereinigung Deutschlands notwendigen Sofortmaßnahmen« wissenschaftlich zu belegen. Zum Vorsitzenden des Forschungsbeirates wurde Dr. Friedrich Ernst berufen. Hinter diesem lag eine beachtliche Karriere im Nazireich.

1935 war er von Adolf Hitler zum Reichskommissar für das deutsche Kreditwesen ernannt worden. Von 1939 bis 1941 war er als Reichskommissar für die Verwaltung des »feindlichen Vermögens« zuständig, d. h. für das Eigentum der von Hitlerdeutschland überfallenen und okkupierten europäischen Staaten. Ernst war maßgeblich an der Ausarbeitung von Richtlinien für die Ausplünderung der überfallenen Sowjetunion beteiligt.

Dem Forschungsbeirat gehörten weitere Nazi-Größen an. So der Naziökonom Karl C. Thalheim, Imanuel Fauser und Matthias Kramer, Mitglieder des SS-Reichskommissariats für die »Festigung deutschen Volkstums«, sowie Bernhard Skrodzki, »Überlebensplaner« der Reichsgruppe Industrie 1944/45.

Weitere Alt-Nazis wurden im »Forscherkreis«, dem wichtigsten Arbeitsgremiums des Beirates, tätig.

Das Bundeskabinett unter Kanzler Konrad Adenauer segnete die Tätigkeit dieses nazistisch durchsetzten Forschungsbeirates mittels Beschluss am 17. August 1954 ab.

Allein die Zusammensetzung des Forschungsbeirates und seiner Arbeitsgremien mit Personen, die Erfahrungen über die Verwaltung von Gebieten besaßen, die durch den deutschen Faschismus erobert wurden, beweist, dass es der Bundesregierung nie um eine »Vereinigung« Deutschlands, sondern stets um Annexion und Anschluss der deutschen Ostgebiete ging.

Völlig richtig beschreibt der Gestalter des Einigungsvertrages, Wolfgang Schäuble, in seinem Buch »Der Vertrag« diesen Sachverhalt. »Ich musste Herrn de Maizière immer wieder darauf hinweisen, dass es sich um einen Anschluss der DDR und nicht um eine Vereinigung von zwei Staaten handelt.«[3]

Das Ergebnis der Arbeit des Forschungsbeirates wurde in einem am 16. Dezember 1960 vom Plenum verabschiedeten Dokument niedergelegt. Es trug die treffende Überschrift »Empfehlungen zur Einfügung der volkseigenen Industriebetriebe der SBZ in die nach der Wiedervereinigung zu schaffende im Grundsatz marktwirtschaftliche Ordnung«.

Dazu erklärte der Präsident des Forschungsbeirates: »Es genügt nicht, allgemein die deutsche Einheit zu beschwören und die Wiedervereinigung zu fordern. Man muss konkret auf sie hinarbeiten und sie konkret vorbereiten. […] Den Weg zu öffnen, gangbar zu machen und zum Ziel zu führen, das ist Sache der Politik.«[4]

Folgerichtig beinhalteten die Dokumente des Forschungsbeirates sowohl grundsätzliche als auch bis ins Detail ausgearbeitete Maßnahmen zur Überführung der DDR-Wirtschaft in die westdeutsche Marktwirtschaft. Vergleicht man diese »Empfehlungen« mit den praktischen Maßnahmen nach 1990, so ist ohne Einschränkung festzustellen: Die Empfehlungen der Alt-Nazis wurden 30 Jahre später Schritt für Schritt in die Tat umgesetzt.

An wesentlichen Grundsätzen war in den »Empfehlungen« bereits 1960 fixiert:

- Die volkseigenen Betriebe sind zu selbständigen und marktwirtschaftlich fungierenden »modifizierten VEB« umzugestalten.
- Im Ergebnis von DM-Eröffnungsbilanzen ist über das Wohl und Wehe ihres Weiterbestehens oder ihre Liquidierung zu entscheiden.
- Zur Leitung der Überführung wird eine »Obere Behörde« – der Name »Treuhand« war noch nicht erfunden – geschaffen. Diese ist unmittelbar den zuständigen Zentralbehörden – praktiziert beim Finanzministerium – zu unterstellen. Zur Beratung ist ein Beirat aus »sachkundigen Personen« zu bilden. Die Obere Behörde hat Aufsichtsräte für die Auflösung, Liquidierung, Teilung oder Fusion der »modifizierten VEB« einzusetzen.

Im Forschungsbeirat wurden auch »Empfehlungen für die Umwandlung der Landwirtschaftlichen Produktionsgenossenschaften (LPG) in Übergangsgemeinschaften« erarbeitet. Diese sahen vor, die LPG als »wesentliche Elemente der sowjetzonalen Zwangswirtschaft« sobald als möglich aufzulösen und durch »Betriebsformen einer freiheitlichen Wirtschaft« zu ersetzen.

Von besonderer Bedeutung für den Vereinigungsprozess war, dass schon 1960 der Grundsatz »Rückgabe vor Entschädigung« fixiert wurde. Über die Alteigentümer wurde vermerkt, dass diese die Herausgabe der am 8. Mai 1945 im Grundbuch verzeichneten Grundstücke verlangen bzw. Bewirtschaftungsverträge (Pachtverträge) abschließen können. Personen, denen durch die Bodenreform der Besitz entschädigungslos entzogen worden ist, sollten bevorzugt berücksichtigt werden. Entsprechendes sollte für die Erben gelten. Auch die Regelung der »Altschulden« wurde nicht außer Acht gelassen.

Ein spezieller Arbeitskreis im Forschungsbeirat beschäftigte sich mit den Problemen einer Währungsumstellung in Ostdeutschland. Dazu gehörte die Angleichung der ostdeutschen

Löhne, Gehälter, Renten und privaten Sparguthaben an die der Bundesrepublik, sowie die Versorgung der ostdeutschen Industrie mit Kapital nach dem Tag X.

Der Finanzausschuss des Forschungsbeirates stellte fest, dass die Währungsumstellung im Verhältnis 1:1 zu erfolgen habe. Allerdings seien dabei »vorübergehende partielle, restriktive Maßnahmen« wie eine zeitweilige Sperrung von Sparguthaben und Bankkonten, ein Umtausch nur nach Kopfquoten und zu späterer Zeit Umstellung der über Kopfquoten hinausgehenden übrigen Bargelder denkbar.

Es wurden detaillierte Einzelregelungen zur Auflösung der Gewerkschaften, zum Aufbau einer Arbeitslosenvermittlung, für die Zerschlagung der Polikliniken, die Privatisierung der Wohnungsverwaltungen bis zur Umwandlung der Wälder in den »früheren Privatwald« erarbeitet.

In den 60er Jahren verschwanden diese Empfehlungen in den Schubfächern, da sie nicht mit dem Geist der Entspannungspolitik konform waren.

Anfang der 80er Jahre waren Konfrontationstheoretiker und entsprechende Institutionen wieder gefragt. Die Regierung Kohl setzte 1985 den Nazi-Veteran Karl C. Thalheim als Vorsitzenden einer »Wissenschaftlichen Kommission« ein. Seine Aufgabe bestand darin, Materialien zu einem »Bericht zur Lage der Nation im geteilten Deutschland« zu erarbeiten.

Im Dezember 1986 lieferte die Kommission diesen Bericht ab. Er hatte nicht nur die Empfehlungen des vormaligen Forschungsbeirates wieder ausgegraben, sondern diese aktualisiert und qualifiziert. Alt-Nazi Thalheim behielt es sich selbst vor, den extremen Reformbedarf der DDR-Ökonomie herauszuarbeiten.

Damit lag Mitte der 80er Jahre das theoretische Rüstzeug für die Angliederung der DDR an die BRD vor.

Es fehlten noch die politischen Kräfte, um das Konzept in die Tat umzusetzen.

2. Der Raub des ostdeutschen Volksvermögens[5]

1990 war es soweit. Der Zusammenbruch des sozialistischen Lagers in Europa und die Unzufriedenheit über die aktuelle politischen Lage im Lande bei großen Teilen der Bevölkerung boten Voraussetzungen für die Einverleibung der DDR in das Gesellschaftssystem der BRD.

Die »Empfehlungen des Forschungsbeirates für Fragen der Wiedervereinigung Deutschlands« wurden zur Liquidierung der DDR als Staat und ein sich selbst tragender Industriestandort hervorgeholt. Im »Vertrag über die Herstellung der Einheit Deutschlands« vom 31. August 1990 sind die Empfehlungen des Forschungsbeirates aus den 50er und 60er Jahren wieder zu finden. Sie wurden schnellstmöglich und konsequent realisiert.

Mit großer Hast wurde am 1. Juli 1990 die Währungsunion vollzogen. Alle DDR-Produkte wurden von einem Tag auf den anderen dem Weltmarkt ausgesetzt. Die Exporte aus der DDR wurden extrem verteuert, »die Importe in die DDR entsprechend verbilligt. Die Währungsunion brachte für die (Waren aus der) DDR eine De-facto-Aufwertung von etwa 300 Prozent. Auch ein einigermaßen stabiles Land in Westeuropa wäre durch diesen Aufwertungsschock in eine tiefe Anpassungskrise abgestürzt«, meinen Autoren, die den Prozess der Wiedervereinigung als »Kolonialisierung der DDR« auffassen.[6]

Der damalige Wirtschaftsminister Jürgen Möllemann (FDP) erklärte vor amerikanischen Zuhörern: »Wenn der Dollar um 300 bis 400 Prozent aufgewertet wäre, hätte auch eine ausgesprochen konkurrenzfähige Wirtschaft beträchtliche Rückschläge erlitten.«[7]

Ausländische Medien vergleichen die Währungsunion zu den Bedingungen von Kanzler Kohl mit einer ökonomischen Atombombe, der keine Volkswirtschaft der Welt gewachsen wäre.[8]

Die CDU sieht das heute anders.

In Dokumenten erklärt die Regierungspartei, »wie wichtig das Signal war, den Menschen in der DDR durch die Wirtschafts-, Währungs- und Sozialunion schon zu einem sehr frühen Zeitpunkt, im Juli 1990, die Gewissheit zu geben, dass der Einheitsprozess in unserem gemeinsamen Interesse lag. Ein Scheitern dieser Pläne hätte den wirtschaftlichen Zusammenbruch der DDR beschleunigt.«[9]

Wahrscheinlich hätte eine ausgewogene ökonomische Anpassungspolitik gerade diesen Zusammenbruch verhindert. Das war aber nicht das Ziel des westdeutschen Kapitals und nicht der Auftrag der Politik.

Das Volkseigentum der DDR wurde der DDR-Bevölkerung von westlichen Konzernen entschädigungslos gestohlen. Eine besondere Aufgabe fiel dabei der Treuhandanstalt zu. Die Grundidee des »Runden Tisches«, das von der DDR-Bevölkerung erarbeitete Vermögen weder in die Hände »alter Seilschaften« noch in die des westdeutschen Kapitals fallen zu lassen, wurde ad absurdum geführt.

Nach intensiven Beratungen und mit Druck aus Bonn war am 17. Juni 1990 vom Parlament der DDR das geänderte Treuhandgesetz verabschiedet worden. Durch den Einheitsvertrag wurde es Teil des Bundesrechts. Der Auftrag lautete: »Die Treuhandanstalt ist auch künftig damit beauftragt, […] die früheren volkseigenen Betriebe wettbewerblich zu strukturieren und zu privatisieren.« (Artikel 25 [1]).

»Die Vertragsparteien bekräftigen, dass das volkseigene Vermögen ausschließlich und allein zugunsten von Maßnahmen in dem in Artikel 3 genannten Gebiet (ehemalige DDR) […] verwendet wird.« (Artikel 25 [3])

Die praktische Arbeit der Treuhandbehörde, insbesondere unter Birgit Breuel, führte zu anderen Ergebnissen. Das ihr übertragene Volksvermögen wurde zugunsten westlicher Konzerne, jedoch keinesfalls zum Nutzen der ehemaligen DDR privatisiert.

Auch die im Staatsvertrag über die Wirtschafts-, Währungs- und Sozialunion vorgesehene offizielle Bestandsaufnahme des volkseigenen Vermögens der DDR (Art. 26, Abs. 4) ist nie erfolgt. Demzufolge wurde Spekulationen und subjektiven Auffassungen über die Höhe des in den Vereinigungsprozess eingebrachten DDR-Vermögens Tür und Tor geöffnet.

Eine offizielle Abschlussbilanz über das DDR-Vermögen liegt bis heute nicht vor.

Aus unterschiedlichen Quellen[10] kann man nachfolgende Gesamtrechnung aufmachen.

Aus einem »Substanzvermögen« von mindestens 1,6 Billionen DM wurde ein marktwirtschaftlicher Verlust. Allein die Treuhand »erwirtschaftete« aus dem übergebenem Vermögen von 600 Milliarden DM ein Defizit von 256 Milliarden DM. Das bezeichnete Kohl als »historisch einmalige Leistung«.

Dieser Vorgang ist in der Tat »historisch einmalig«. Noch nie in der Weltgeschichte wurde einem Volk ohne kriegerische Eroberung sein gesamtes Volksvermögen durch ausländische Mächte derart vollständig gestohlen.

Dieser Vorgang kommt nicht nur politisch und ökonomisch einer Annexion und Kolonialisierung besetzter Gebiete gleich, sondern ist auch juristisch höchst fragwürdig

Das Volksvermögen der DDR 1989

Treuhandvermögen	**600 bis 700 Mrd. DM**
Materiell	
9.000 Kombinate und Betriebe	
20.000 Gewerbe- und Handelsbetriebe	
davon 4.300 Gaststätten, Hotels, FDGB-Ferienheime	
4 Millionen Hektar Land- u. Forstfläche	
25 Milliarden Quadratmeter Immobilien	
Verwaltungs-, Finanz- und Sondervermögen (Bahn, Post)	**300 bis 400 Mrd.**
Wohnungsfonds	**300 bis 450 Mrd. DM**
Grund und Boden	**400 bis 450 Mrd. DM**
Gesamtes Volksvermögen der DDR	**1.600 bis 2.000 Mrd. DM**

Nach dem Anschluss der DDR an die BRD galt das Grundgesetz für Gesamtdeutschland. »Eine Privatisierung der Volkswirtschaft war keineswegs – auch nach dem Grundgesetz nicht – zwingend gefordert. Eine Eigentumsmischform in einem ohnehin föderal angelegten Staatswesen [...] wäre durchaus mit dem Grundgesetz vereinbar gewesen. [...] Das Grundgesetz favorisiert kein bestimmtes Wirtschaftssystem. Das hat das Bundesverfassungsgericht mehrfach festgestellt.« Es heißt, »dass das Grundgesetz wirtschaftspolitisch neutral sei; der Gesetzgeber darf jede ihm sachgemäß erscheinende Wirtschaftspolitik verfolgen, sofern er dabei das Grundgesetz, insbesondere die Grundrechte beachtet.«[11]

Die Grundrechte der Ostdeutschen, insbesondere auf Schutz des Eigentums, Erbrecht und Schutz vor unrechtmäßiger Enteignung wurden jedoch gröblichst verletzt. Internationale, von der

Bundesrepublik anerkannte Konventionen über Menschenrechte, wurden missachtet.

In einer juristischen Betrachtung über die Enteignung der Ostdeutschen stellt der renommierte Rechtskundler Erich Buchholz fest: »Das Volkseigentum der DDR, d. h. das insgesamt des mit den Händen der DDR-Bürger geschaffene Eigentum des Volkes, stand als Eigentum des ganzen Volkes all seinen Bürgern insgesamt zu; mit dem Ende der DDR als Staat hätte es also von Rechts wegen diesen (kollektiven) Eigentümern zur abschließenden Verfügung über dieses übergeben werden müssen. Solches fand indessen nicht statt.

Unter Ausnutzung der politischen Situation nicht nur im Osten Deutschlands, der Destabilisierung der DDR als Staat und gewisser Stimmungen bei vielen DDR-Bürgern wurde das dem Volk der DDR gehörende Volkseigentum als solches schlicht kassiert. Das war die umfassendste unmerklichste heimlich- unheimliche Enteignung der Ostdeutschen. Der »Einigungsvertrag« hat diese Frage nicht geregelt, völlig offen gelassen. Somit entbehrt dieser vorgenannte Raub des Volkseigentums als umfassendste Enteignung der Ostdeutschen schon jeden juristischen Scheins einer Legalität.«[12]

Die geraubte Beute ging zu 85 Prozent an westdeutsche Käufer, zu 9 Prozent ins Ausland und lediglich zu 6 Prozent an Ostdeutsche.

Dieser Raub des Eigentums eines ganzen Volkes war und ist politisch und moralisch ungeheuerlich. Erinnern wir uns: Teile des DDR-Volkes sind mit ihrer Führung nicht einverstanden, gehen unter der Losung »Wir sind das Volk!« auf die Straße.

Die Führung beugt sich und tritt ohne Widerstand und Blutvergießen ab.

Die Kolonialmacht auf der anderen Seite der Grenze wittert ihre Jahrhundertchance.

Die Demonstrationen werden in »Wir sind ein Volk!« umfunktioniert, Deutschland wird staatlich vereint.

Zum Dank wird den ostdeutschen »Brüdern und Schwestern« innerhalb kürzester Zeit ihr Eigentum gestohlen – das gesellschaftliche ohnehin, und große Teile ihres privaten auch. Die Leistungen von 40 Jahren Aufbauarbeit unter schwierigsten Bedingungen verschwinden in den Taschen westlicher Banker, Aktionäre, Wirtschaftskapitäne, Vertretern der Eliten und windiger Geschäftsleute.

Geschenkt wird »die Freiheit«.

Das beschenkte Volk lässt es widerstandslos, teils euphorisch mit sich geschehen und wacht erst Jahre später aus dem Trancezustand auf. Die Beutegeier haben inzwischen politische, ökonomische und juristische Tatsachen geschaffen: Betriebe, Grundstücke, Wälder, Seen, große Teile der Ersparnisse – alles in westliche Kapitalistentaschen transferiert.

Das enteignete Volk wird nun verhöhnt: War sowieso alles marode, habt jahrzehntelang einer Diktatur gedient, seid dankbar für unsere Solidarität mit euch und freut euch über die gewonnene Freiheit. Dient uns als billige Arbeitskraft, bettelt darum, ob ihr zu den privatisierten Wäldern und Seen Zutritt bekommt.

Die Kanzlerin aus dem Osten schwadroniert: »Heute leben alle Deutschen in einem ungeteilten Land, in dem von Rostock bis Passau und von Aachen bis Zittau Freiheit, Rechtsstaatlichkeit und Demokratie herrschen. Ich glaube, dass wir Deutschen uns über dieses unermessliche Glück richtig freuen dürfen.«[13]

Und die neuen Besitzer sind noch immer nicht satt. »Wir werden eine Arbeitsgruppe bilden, die im Hinblick auf die Enteignungen in der SBZ von 1945 bis 1949 prüfen soll, ob es noch Möglichkeiten gibt, Grundstücke, die sich im Eigentum der öffentlichen Hand befinden, den Betroffenen zum bevorzugten Erwerb anzubieten«, heißt es im Koalitionsvertrag 2009 von CDU, CSU und FDP.

Durchgesetzt wurde der gigantische Eigentumstransfer auch mit einem hohen Anteil krimineller Energie. 1990 hatten sich die untergehende DDR und die entstehenden neuen Bundesländer in ein Dorado für Geschäftemacher aller Art verwandelt.

Zuerst kamen die Händler, die die DDR-Bevölkerung mit den begehrten Westwaren überschütteten. Erfolgreicher waren noch die Autohändler, die ihre Halden von Gebrauchtwagen abbauen konnten. Die Versicherungsanstalten aus dem Westen schlossen innerhalb eines Jahres in Ostdeutschland fünf Millionen neue Verträge ab. Wirtschaftsberater strichen für Schulbuchwissen und Gemeinplätze enorme Honorare ein. Handelsketten übernahmen im Handstreich den Einzelhandel und kehrten die DDR-Produkte aus den Geschäften. Die Anlagefirmen, die einzigartige Gewinne versprachen, zogen den Brüdern und Schwestern aus dem Osten die letzten Spargroschen aus der Tasche. Die Immobilienmakler erfasste Goldgräberstimmung …

Volkswirtschaftlich spielten sogenannte Anschubfinanzierungen eine entscheidende Rolle. Das waren aus Krediten finanzierte Mittel, die dem »Käufer« von der Treuhand »zugeschossen« wurden, auch wenn er den Betrieb nur für die symbolische 1 DM erworben hatte.

Beispiele für Anschubfinanzierungen und Subventionen aus dem Staatshaushalt und EU-Fördermitteln

	in Millionen DM
Buna SOW Leuna Olefinverbund	9.556
Carl Zeiss Jena / Jenoptik	3.600
MTW Wismar, Volkswerft Stralsund, Neptunwerft Rostock	3.473
Raffineriebereich Leuna	1.450
Kverner- Werft Warnemünde	1.328
Mitteldeutsche Kali AG	1.310
Stickstoffwerke Piesteritz	953
EKO-Stahl AG	900
Deutsche Waggonbau AG	500

Quelle: Interne Treuhanddokumente

Das Gesamtvolumen dieser Anschubfinanzierungen betrug 264 Milliarden DM. Der Hauptteil davon verschwand in dunklen Kanälen. Er wurde in westliche Konzerne transferiert oder gleich auf Privatkonten überwiesen.

Einer der markantesten, aber durchaus »branchenüblichen« Deals war die Abwicklung des VEB Wärmeanlagenbau Berlin, zu DDR-Zeiten ein führendes RGW-Unternehmen bei Planung, Konstruktion, Bau und Wartung von Wärmekraftwerken.

Im Jahre 1990 erschien ein gewisser Herr Rottmann in der Treuhand und stellte sich als Beauftragter eines millionenschweren Schweizer Firmenimperiums vor. Er »garantierte« gegenüber der Treuhand den Erhalt von 50 Prozent der Belegschaft. Daraufhin verkauft man ihm 1991 das Unternehmen für 2 Millionen DM. Allein die Immobilien des VEB waren 120 Millionen, also 60mal soviel wert, annähernd 200 Millionen befanden sich auf Firmenkonten oder konnten aus Altverträgen kassiert werden.

Die Firmenkonten wurden systematisch geplündert, allein 30 Millionen Bargeld überwies sich Rottmann auf private Konten in der Karibik. Nachdem alles abgeräumt war, ging das Unternehmen 1994 in Konkurs, die 700 Arbeiter in die Arbeitslosigkeit und Herr Rottman in die Karibik.

Danach verkaufte der Insolvenzverwalter die Immobilien, die allein für das Berliner Gelände 107 Millionen DM einbrachten.

Hätten die verantwortlichen Treuhänder zuvor bei der Auskunft Creditreform angefragt, wäre der Schwindel möglicherweise verhindert worden. Die »millionenschwere« Schweizer Firma hatte ganze 30 Mitarbeiter, war in akuten Zahlungsschwierigkeiten und unterhielt Briefkastenfirmen in Liechtenstein.

Aber von solchen »intensiven Nachforschungen« waren die verantwortlichen Treuhandleiter freigestellt. Sie waren von jeglicher Rechenschaftslegung und Haftung per Treuhandgesetz entbunden. Die Folge war, dass in der Treuhand Betrug, Unterschlagung und persönliche Bereicherung weit verbreitet waren.

Auch hierzu ein exemplarisches Beispiel.

Der Treuhanddirektor der Niederlassung Halle, Wilfried Glock, einst Gebrauchtwagenhändler, wurde 1995 vom Landgericht Stuttgart zu fünfeinhalb Jahren Haft verurteilt. Er hatte sich von dem Ex-Chef der Göppinger Bellino-Werke, Wolfgang Greiner, mit mehr als 5 Millionen DM bestechen lassen. Als Gegenleistung durfte Greiner mit Glocks Segen 23 Firmen und Grundstücke aus dem Vermögen der Treuhandanstalt erwerben und ausbeuten. Greiner fälschte eine Auszahlungsmitteilung und zweigte zwei Millionen DM auf sein Privatkonto ab.

Dreimal missbrauchte er seine Zugriffsmöglichkeit auf die erworbenen Unternehmen, um insgesamt 20 Millionen DM zur Sanierung seiner inzwischen notleidenden Firma Bellino zu verwenden.

Greiner wurde zu 5 Jahren und 3 Monaten verurteilt.

In diesem Zusammenhang wurde von der Staatsanwaltschaft in weiteren 20 Fällen gegen 13 Liquidatoren und ehemalige Mitarbeiter der Hallenser Privatisierungsbehörde ermittelt, bei denen allein der strafrechtliche Schaden mit etwa 150 Millionen DM angegeben wurde. Der Schaden aufgrund der vernichteten Arbeitsplätze blieb unberücksichtigt.

Bereits Anfang 1994 bezifferte das Bundesfinanzministerium nach einer parlamentarischen Anfrage den strafrechtlich relevanten Schaden durch kriminelle Aktivitäten, Unregelmäßigkeiten und »Privatisierungsfehler« auf drei Milliarden D-Mark. Immer mehr Korruptionsfälle, Unterschlagungen und andere Skandale der Privatisierungsbehörde kamen zum Vorschein.

Nur die »noblen Adressen« schrieben Presse- und Zeitgeschichte: Bei Carl Zeiss Jena wurden von Lothar Späth mit 3,6 Milliarden DM Anschubfinanzierung fast 30.000 Menschen »abgewickelt«. Über die Leunawerke und Minol wurde eine undurchsichtige, bis heute nicht geklärte Story zwischen Politik und Wirtschaft geschrieben. Die Kalibetriebe machten vor allem mit Bischofferode Schlagzeilen. Die Bremer Vulkan zweigte bei der Abwicklung diverser ostdeutscher Schiffswerften von 3,5 Milliarden Anschubfinanzierung umgehend 854 Millionen an ihre westdeutschen Werften ab. Die Aluminiumwerke Rackwitz wurden vom damaligen Chef des Arbeitgeberverbandes Gottscholl in den Konkurs getrieben.

Wie westdeutsche »Spitzenkräfte« DDR-Kombinate abwickelten, wurde auch am Beispiel des Schwermaschinenbaukombinates SKET Magdeburg sichtbar.

Zu DDR-Zeiten waren dort 30.000 Menschen beschäftigt, die einen Umsatz von 3,7 Milliarden Mark insbesondere in Form von Walzwerksausrüstungen, Draht- und Kabelwerken und Anlagen für die Baustoffindustrie realisierten. Ein hoher Anteil der Erzeugnisse wurde in sozialistische Länder exportiert.

Dem am 22. August 1990 gebildeten Aufsichtsrat gehörten an: der Vorsitzende Bernd Kosegarten, Unternehmensberater, sein Stellvertreter Jürgen Peters, damals Bezirksleiter der IG Metall Hannover, Heinrich Weiss, Vorstandschef bei Schloemann-Siemag, Rupert Scholz, Ex-Bundesverteidigungsminister, und Bernd Thiemann, Vorstandssprecher der Norddeutschen Landesbank.

Neben den »politischen Größen« war bei dieser hochkarätigen Zusammensetzung besonders delikat, dass mit dem Vorstandschef von Schloemann-Siemag ein unmittelbarer Konkurrent am Entscheidungstisch saß. »So ist es denn […] nur noch darum gegangen, Einblick in die Kundenkontakte zu erhalten und mögliche Aufträge selbst zu bekommen. Dabei ist auch gegenüber langjährigen Geschäftspartnern von SKET-Unternehmen mit dem Argument operiert worden, dass es höchst ungewiss sei, wie lange diese Treuhandbetriebe überhaupt noch bestehen würden. [...] Das wirft die Frage auf, die auf viele ostdeutsche Unternehmen zutrifft: beeinträchtigt die ›Aufsicht‹ durch Branchenkonkurrenten nicht von vornherein die potentiellen Entwicklungsmöglichkeiten?«[14]

Im Falle SKET, wie anderweitig auch, war das westdeutsche Konzept schlüssig: Von ursprünglich 18 Betrieben des Kombinates überlebten ganze acht.

Allein im Stammbetrieb ging die Belegschaft von 13.000 auf 1.000 zurück.

Westdeutsche Banken und Versicherungen übernahmen vollständig das ostdeutsche Filialnetz. Das erste große Geschenk für die Banken erfolgte mit der Währungsunion. Als einziges großes gesellschaftliches Vermögen wurde das Eigenkapital der DDR-Banken bei der Währungsunion 1:1 umgestellt. (Der Durchschnitt bei der Umstellung der Betriebs-, Bevölkerungs- und Bankenvermögen betrug hingegen 1,81:1).[15]

Der eigentliche Bankendeal erfolgte aber durch die von der Bundesregierung beschlossene »Altschuldenregelung« für die volkseigenen Betriebe. 80 Prozent aller ehemaligen VEB wurden von DDR-Krediten »entlastet«.

Dieser Coup lief in vier Schritten ab.

Erster Schritt: Zunächst erklärte man Mittel des Staatshaushaltes, die den volkseigenen Unternehmen zur Finanzierung planmäßig über Banken der DDR zur Verfügung gestellt wurden, zu Krediten im marktwirtschaftlichen Sinne.

Dabei wurde mit Absicht »übersehen«, dass die volkeigenen Unternehmen der DDR keine selbständigen Wirtschaftseinheiten wie Aktiengesellschaften oder GmbH waren. Sie hatten kein Eigentum, weder an Gebäuden, an Produktions- noch an Umlaufmitteln. Denn der Staat war der Gesamteigentumsträger. Er leitete die gesamte Wirtschaft wie einen großen Konzern. Die von den volkseigenen Unternehmen erwirtschafteten Gewinne wurden jährlich an den Staat abgeführt. Im Gegenzug stellte der Staat »seinen« Unternehmen mit den Jahres- und Fünfjahresplänen die materiellen und finanziellen Mittel nach gesamt-volkswirtschaftlichen Gesichtspunkten für die Produktion zur Verfügung. Die volkseigenen Banken waren dabei das Instrument für die planmäßige Bereitstellung der finanziellen Mittel an die Unternehmen und für die Kontrolle der Verwendung. Selbst westdeutsche Ökonomen vertraten im Jahre 1990 einen solchen Standpunkt.

Hans Modrow stellte dazu fest: »Für uns bedeutete der Geldkreislauf, der Umgang mit Krediten in Banken und Sparkasse, stets eine unaufgeregt hingenommene Normalität, die sich ja immer innerhalb volkseigener bzw. staatlicher Einrichtungen vollzog. Zinsen zählten nicht als hohe Last.«[16]

Die Abwickler der DDR deklarierten jedoch diese Planmittel zu »Altschulden« und belasteten die neuen Eigentümer damit.

Zweiter Schritt: Auch die Banken der DDR – mit Ausnahme der Staatsbank, der Sparkassen und der Genossenschaftsbanken – wurden durch die Treuhand übernommen. Bei der Privatisierung der Banken gingen die »finanziellen Altschulden« als offene, einklagbare Forderungen auf die kaufende Bank über. Diese Forderungen wurden zu Geschenken der Treuhand an die neuen Eigentümer, die kaufende oder »erbende« Bank, indem sie für diesen »Erbteil« keinen Kaufpreis zu zahlen hatten.

Dritter Schritt: Damit die übernehmenden Banken die ihnen geschenkten Forderungen in jedem Fall realisieren konnten, wurde im Vertrag über die Schaffung der Währungs-, Wirtschafts- und Sozialunion festgelegt (Anlage 1, § 4, Art. 8), dass bei Zahlungsunfähigkeit des Schuldners die Bundesregierung eintrete. Dazu wurde zu Lasten der Steuerzahler der sogenannte »Ausgleichsfonds« – heute als »Erblastentilgungsfonds« bezeichnet – geschaffen.

Bis September 1995 betrugen die Ausgleichsforderungen gegenüber dem Bund annähernd 100 Milliarden DM.

Die mit Absicht gewählte Bezeichnung »Erblasten« diskriminierte die ehemaligen DDR-Bürger als Schuldner. Gleichzeitig suggerierte diese Bezeichnung beim westdeutschen Bürger, dass er fremde, also ostdeutsche finanzielle Schulden tragen müsse.

Vierter Schritt: Neben dem Geschenk der Forderungen erhielten die übernehmenden Banken ein weiteres Angebinde. Die Treuhand verkaufte die Banken der DDR zu unverhältnismäßig niedrigen Preisen. So zahlte die Berliner Bank für das aus der Staatsbank der DDR ausgegliederte Berliner Stadtkontor lediglich 49 Millionen DM, übernahm aber gleichzeitig Altschuldenfonds in Höhe von 11,5 Milliarden DM.

Die Treuhand verkaufte an die Banken Forderungen in Höhe von insgesamt 44 Milliarden DM und begnügte sich dafür mit einem Erlös von 0,8 Milliarden DM.

Damit betrugen die vom Bund über Steuergelder abgesicherten und für die Banken einklagbaren Forderungen das 55-fache des von den Westbanken gezahlten Übernahmebetrages, laufende Zinsen nicht mitgerechnet.

Da waren wirklich »treue Hände« am Werk!

Der Gewinn der Banken 1990 aus der »Aneignung« des Ostens wird mit 150 bis 200 Milliarden DM geschätzt.

„Kaufende" Westbank	Aufgekaufte Ostbank	Kauf Preis Mio DM	Über nommene "Altschulden" Mio DM	Verhält- nis Altschuld/ Kaufpreis
Berliner Bank	Berliner Stadt-kontor	49	11.500	**235:1**
Genossensch. Bank West	Genossensch. Bank Ost	120	15.500	**129:1**
Westd. Landesbank	Deutsche AHB	430	7.000	**16:1**

Einige Beispiele des Bankendeals Der Tagesspiegel, 1. Juli 2005

Die Erfindung der »Altschulden« diente neben der Bereicherung durch die übernehmenden westdeutschen Banken auch der Deindustrialisierung der ostdeutschen Länder. Die Nachfolger der ehemaligen volkseigenen Betriebe waren unversehens mit rund 205 Milliarden DM »verschuldet«. Das trieb die meisten in den Ruin.

Für die Kommunen und Genossenschaften hatten die »Altschulden« die gleiche Wirkung. So war die Wohnungswirtschaft auf einen Schlag mit etwa 250 Milliarden DM »verschuldet«.

Der Berliner *Tagesspiegel* entlarvte das in der Finanzgeschichte wohl einmalige Betrugsgeschäft. Aus Anlass des 15. Jahrestages der Währungsunion bezeichnete das Blatt nicht nur den Vorgang als »atemberaubende Volte«, sondern auch die Rolle, die der damalige Staatssekretär im Bundesfinanzministerium Horst Köhler, seit 2004 Bundespräsident, dabei spielte.

»Auf den Tag genau vor 15 Jahren vollzog sich ein waghalsiges Experiment, das Köhler als Staatssekretär im Bundesfinanzministerium maßgeblich vorbereitet und durchgezogen hat: die Währungsunion. [...] Eines der extremsten Kapitel der Währungsunion ist der Ausverkauf der ostdeutschen Banken. […] Es war ja auch zu einfach. Für einen Spottpreis hatten westdeutsche Banken die staatlichen Banken der DDR gekauft. Die neuen Eigentümer übernahmen damit auch die vermeintlich auf Krediten basierenden, ausgewiesenen Forderungen an DDR-Unternehmen. Gleichzeitig erhöhte die Volkskammer den bis dahin nahe null liegenden Zinssatz auf über zehn Prozent. Da allen Beteiligten klar war, dass die meist unwirtschaftlich arbeitenden Betriebe ihren Verpflichtungen nicht würden nachkommen können, garantierte die Bundesregierung den Ausgleich aus dem Staatshaushalt.«

Der Bundesrechnungshof stellte in einem »streng vertraulichen« Bericht dazu fest: »Die Treuhandanstalt, für die Köhler zuständig war, und das Bundesfinanzministerium hätten Steuergelder in Milliardenhöhe verschleudert.«

Stimuliert wurde der Diebstahl des DDR-Volksvermögens auch durch haarsträubende persönliche Bereicherungen bei der Liquidierung der DDR-Wirtschaft. Astronomische Gehälter für »Führungskräfte«, überteuerte Honorare für »Gutachten«, horrende Beteiligungen der Liquidatoren am liquidierten Volksvermögen waren die wesentlichen Quellen dafür.

Die Direktoren in der Treuhandanstalt »verdienten« einschließlich »Erfolgsprämien« für schnelle Privatisierung 350.000 bis 450.000 DM pro Jahr. Die Gehälter des Vorstandes stiegen auf Grund der »großen Arbeitsbelastung« von anfangs 600.000 schnell auf 967.000 DM im Jahr.

Für »externen Sachverstand« wurden Steuerberatern 2.500 DM je Tag, Rechtsanwälten 450 DM je Stunde gezahlt. Bei Abrechnungen besonders gieriger Exemplare dieser Gattung zeigte sich, dass ihr Arbeitstag 50 bis 60 Stunden hatte.

Sah man sich das Ausbildungsprofil dieser mitunter jämmerlichen Figuren an, entpuppten sich diese oft als einfache Kaufleute oder Techniker, die von großen Beraterfirmen angeheuert worden waren, um die früheren DDR-Kombinate heimzusuchen, um diese abzuwickelten. Sie strichen Honorare ein wie hochqualifizierte Experten.

Die »juristische Beratung« durch Anwälte und Notare kostete 290 Millionen DM.

Der Chefjustitiar der Treuhand hatte in der Anstalt mit 300.000 DM offenkundig ein zu schmales Jahreseinkommen. Er schied aus dieser aus, um die Treuhand selbständig zu beraten. Sein nunmehr von dort bezogenes Honorar betrug dann in nicht einmal einem Jahr 900.000 DM.

Unternehmensberaterfirmen, an der Spitze Roland Berger und McKinsey, kassierten für die »richtungweisenden Hinweise« ihrer ausgeschwärmten Hundertschaften über eine Milliarde DM. Die Tagessätze ihrer Dampftrommler und Wichtigtuer, meist kleine Angestellte, betrugen bis zu 3.000 DM.

Klaus von Dohnanyi, Aufsichtsratsvorsitzender für die Abwicklung des Kombinates TAKRAF Leipzig und gleichzeitig Berater der Treuhand, verkündete freimütig, dass »er auf Peanuts (*für den Aufsichtsrat – K. B.*) verzichten kann, weil die Treuhandanstalt und ihre Nachfolgerin BvS dem Patrioten Klaus von Dohnanyi für seine Beratertätigkeit pro Arbeitstag 2.500 DM überweist. Insgesamt steht der Titel bei 3.389.000 DM.«[17]

Aus internen Treuhandmaterialien geht hervor: Für die Liquidatoren, »Spezialisten« bei der endgültigen Auflösung der Betriebe und der Vernichtung der Arbeitsplätze, wurden Honorare von 529.300.000 D-Mark ausgegeben. Allein die zehn Top-Liquidatoren kassierten 121.728.998 DM.

Im Schnitt kassierte also jeder von ihnen privat 12,1 Millionen DM für die Liquidierung von DDR-Betrieben!

In summa betrugen die Verwaltungsaufwendungen der Treuhand 25 Milliarden DM (bis 1994), die selbstverständlich in den hinterlassenen Schuldenberg der Treuhand eingingen.

Der für die Arbeit der Treuhand zuständige Bundesfinanzminister Theodor Waigel (CSU) hat mit Scharfsinn die Verantwortlichen für das Treuhanddesaster ebenso ermittelt wie den Einsatz für das Vaterland gewürdigt. Vor dem Deutschen Bundestag erklärte er laut Protokoll der 243. Sitzung im Jahre 1994: »Verantwortlich war nur einer: die mit Gewalt und Unterdrückung regierenden Kommunisten, die fehlendes Wollen mit fehlendem Können vereinigten und von Wirtschaft weniger verstanden als der Elefant vom Seidenmalen.

Die bei der Privatisierung ostdeutscher Unternehmen bekannt gewordenen strafbaren Handlungen gehen nach dem fachlichen

Urteil eines vom Untersuchungsausschuss hierzu angehörten Staatsanwalts nicht über das Ausmaß der in der deutschen Gesellschaft auch im übrigen leider anzutreffenden Wirtschaftskriminalität hinaus. [...]

Wir danken allen, die innerhalb und außerhalb der Treuhand ihre Pflicht und noch viel mehr getan haben. Das war und ist Einsatz für Deutschland und Hingabe an unser Vaterland.«

Niemand hat jemals Theo Waigel und seine Gehilfen, darunter Staatssekretär Horst Köhler, für das Porzellan zur Verantwortung gezogen, das sie im Auftrag der westdeutschen Großkonzerne im Osten zerschlagen haben.

Die Untersuchungen des Deutschen Bundestages blieben wie meist ohne Ergebnis.

Mit dieser Haltung waren und sind die Politiker der BRD unfähig und unwillens, aus den gewaltigen Eigentumstransfers in die Konzern- und Privattaschen Abgaben für den Staat einzutreiben. Im Gegenteil. Mit der von Waigel erfundenen »Sonderabschreibung Ost« entzogen sie dem Staat Einnahmen und bereiteten westdeutschen Einheitsgewinnler aus Wirtschaft, Politik, Medien und Kultur zusätzliche Steuergeschenke in mehrstelliger Milliardenhöhe.

Die »Lasten« der Wiedervereinigung wurden statt dessen den Steuern und Abgaben zahlenden Menschen in Ost wie West durch Solidarzuschläge, erhöhte Sozialabgaben und Steuern aufgebürdet. Wenn wir die Einheitsgewinnlern zur Teilwiedergutmachung zur Kasse bitten, ist das nur recht und billig.

Die verheerenden wirtschaftlichen, sozialen und zunehmend politischen Konsequenzen für die ehemalige DDR-Bevölkerung können aber nicht wieder gutgemacht werden.

Die Ergebnisse bei der gezielten Vernichtung der DDR-Wirtschaft im Zuge der Einverleibung der DDR in die BRD sind in der neueren Geschichte der Menschheit einmalig und übertreffen selbst die Dimension des Zweiten Weltkrieges. Sie wurden in keinem anderen Mitgliedsland des ehemaligen RGW auch nur annähernd erreicht.

Von 1989 bis 1990 – also innerhalb von nur zwei Jahren – bemächtigten sich die westdeutschen Konzerne des ostdeutschen Absatzterritoriums und zerschlugen die ostdeutsche Wirtschaft und den Handel mit Konsequenz. Waren und Dienstleistungen westdeutscher Konzerne überschwemmten den Markt im Osten Deutschlands. Seit 1991/92 »importierten« die »neuen Länder« Waren und Dienstleistungen aus dem Westen für rund 250 Milliarden DM. Waren für bescheidene 40 bis 50 Milliarden gingen von Ost nach West – aus Betrieben, die inzwischen vom Westen übernommen worden waren.

Nicht einmal Radeberger Bier, Rotkäppchen-Sekt oder Lausitzer Senf waren noch »Ostprodukte«.

Diese Situation hält unvermindert an.

Der Osten Deutschlands wurde durch das Niederfahren seiner Industrie und Landwirtschaft zum Pflegefall, er kann sich nicht mehr aus eigener Kraft versorgen.

Nicht nur hochwertige Konsumgüter, sondern auch banale Versorgungsgüter werden aus dem Westen in den Osten gekarrt. Die dazu notwendigen neuen und modernisierten Transportwege wurden aus Steuergeldern finanziert und durch Westkonzerne errichtet. Auch diese Aufwendungen werden heuchlerisch zu den Transferleistungen gezählt.

Die Abhängigkeit Ostdeutschlands von Lieferungen aus »anderen Regionen« ist weltweit einmalig. Sie entspricht 60 Prozent des Bruttoinlandsproduktes. Selbst »Entwicklungsländer« wie Portugal, die Türkei oder Mexiko sind nur mit fünf bis zehn Prozent des Bruttoinlandsproduktes vom Ausland abhängig.

Damit begnügte sich das westdeutsche Kapital jedoch nicht. Es ging nicht nur darum, den Markt Ostdeutschlands, sondern auch den östlich von Oder und Neiße zu erobern. Kohl beteuerte, er habe bei der Wiedervereinigung alles richtig gemacht, nur dass die Ostmärkte zusammenbrachen, konnte er natürlich nicht voraussehen.

In Wahrheit brachen die Ostmärkte überhaupt nicht zusammen. Sie wurden vom westdeutschen Kapital übernommen. Die einzigen Wirtschaftskader, für die sich die westdeutschen Konzerne und Politiker interesseierten, waren jene mit exzellenten Ostkontakten.

Ihr Auftrag durch die neuen Geldgeber bestand nicht allein darin, für die bedrängten Ostfirmen Aufträge zu erhalten oder neu zu erschließen, sondern den Westkonzernen auch deren Absatzmarkt zuzuschanzen. SKET Magdeburg, TAKRAF Leipzig sowie Kombinate des Werkzeugmaschinenbaus »Fritz Heckert« Karl-Marx-Stadt und »7. Oktober« Berlin, der Kraftwerksanlagenbau Berlin und viele andere wurden mit bisweilen kriminellen Methoden durch Manager westlicher Konzerne abgewickelt. Die osteuropäischen Aufträge landeten bei Krupp, Thyssen, Kugelfischer und anderen westlichen Konzernen.

Es gelang binnen weniger Jahre, den Export nach Osteuropa komplett umzustrukturieren. 1995 erreichte der Osthandel Deutschlands mit 61 Milliarden DM das Niveau vor der Wende. Dabei wurde jedoch eine gravierende Veränderung durchgesetzt: Die DDR exportierte Waren für 30 Milliarden dorthin, Ostdeutschland jetzt für 5 Milliarden. Ihre Marktanteile hatten Westfirmen übernommen und das Volumen von rund 30 auf 55 Milliarden gesteigert. Mit der EU-Osterweiterung fand diese Annexion Osteuropas ihre konsequente Fortsetzung.

	Deutschland	alte BL	neue BL
1989	61,4	31,8	29,6
1990	61,7	31,6	30,1
1991	43,4	32,8	11,6
1992	42,5	35,2	7,3
1993	46,2	40,3	5,9
1994	52,1	47,5	4,6
1995	61	56	5
1995 gegen 1989	**-0,4**	**24,2**	**-24,6**

Datenquelle: Bundesdrucksache 13/5259, 11. Juli 1996

Deutsche Exporte nach Osteuropa (in Milliarden DM)

Der Raub der Absatzgebiete und die gezielte Deindustrialisierung spiegelten sich in einem katastrophalen Einbruch der Wirtschaftsleistung im Osten Deutschlands innerhalb von zwei Jahren wider.

Die Industrieproduktion, Kernstück jeder Wirtschaft, sank auf ein Drittel des Niveaus vor der Wiedervereinigung.

Wirtschaftliche Entwicklung Ostdeutschlands von 1989 bis 1991

Wirtschaftsleistung (BIP)	minus 44 Prozent
Industrieproduktion	minus 65 Prozent
Offiziell registrierte Arbeitslose	830.000
Erwerbstätige	minus 2.095.000

Von diesem Schock hat sich die ostdeutsche Wirtschaft nie erholt. Der Absturz ist beispiellos und wird von keinem Land des ehemaligen RGW, die ohne Diktat des Westens ihre Wirtschaft in eigener Verantwortung umstrukturieren konnten, unterboten.

	Rückgang 1991 gg. 89	Niveau 1995 gg. 89
DDR/Ostdeutschland	**-68**	**40**
Rumänien	-38	55
Bulgarien	-35	55
Polen	-33	91
Slowakei	-28	65
Tschechien	-27	71
Ungarn	-23	82
Slowenien	-20	73

Entwicklung der Industrieproduktion in ehemaligen Staaten des Rates für Gegenseitige Wirtschaftshilfe (RGW) in Prozent

Rolf Mager/Manfred Vogt: Transferleistungen im geeinten Deutschland. In: PDS im Bundestag, 1994

Das Ergebnis ist, dass die Bürger in den neuen Bundesländern bis heute ihren Bedarf an Lebensmitteln, Konsumgütern und Leistungen zum wesentlichen Anteil durch Lieferungen aus den alten Bundesländern decken.

»Haben Sie schon einmal versucht, in einer bayerischen Gaststätte ein Bier aus dem Norden zu bekommen? Oder haben Sie sich dort einmal die Angebote an Milchprodukten im Supermarkt angeschaut? Haben Sie auch Produkte aus dem Norden gesehen? Wenn nicht, so dürfte das der Normalfall sein.

Im Osten ist es genau umgekehrt: In keinem Bundesland gibt es so wenig regionale Produkte wie in den Ostländern und so viele Produkte aus anderen Bundesländern.

Jahr für Jahr produziert die westdeutsche Wirtschaft Güter und Leistungen im Wert zwischen 100 und 120 Milliarden Euro für den ostdeutschen Markt.«[18]

Es ist dies ein wesentlicher Teil der Strategie, den ostdeutschen Menschen ihre Identität zu nehmen und dauerhafte Abhängigkeiten vom westlichen »Mutterland« zu schaffen.

In Westdeutschland schlug sich die Annexion der östlichen Absatzgebiete in einem grandiosen, unter den Bedingungen einer sich verschärfenden Krise des Kapitalismus nicht mehr für möglich gehaltenen Wirtschaftswachstum nieder.

Wirtschaftswachstum BRD (BIP Preise 1991) in Prozent

		Gesamtzeitraum	pro Jahr
Vor der Einheit	1980-1989	18,10	1,80
Durch die Einheit	1989-1991	11,10	5,40

Statistisches Taschenbuch des BMGuS 2004

Aus diesen Fakten lässt sich der wirtschaftliche Gewinn Westdeutschlands ziemlich eindeutig bestimmen: Die Fortsetzung des »normalen Wirtschaftswachstums« von knapp zwei Prozent je Jahr hätte innerhalb von zwei Jahren (von 1989 bis 1991) einen »normalen« Zuwachs von maximal vier Prozent für den Westen Deutschlands gebracht. Die Annexion der Ostgebiete im Zuge der Wiedervereinigung führte in jenen zwei Jahren aber real zu über elf Prozent Zuwachs. Das bedeutet einen Sprung in der wirtschaftlichen Leistung des Westens um sieben Prozent.

Ein Leistungssprung von 7 Prozent entsprach im Jahre 1991 einem Bruttoinlandsprodukt West von 185 Milliarden DM.

Dieser Niveausprung bedeutete eine ständig erhöhte wirtschaftliche Leistung in den alten Bundesländern. Die Anfang der 90er Jahre eintretende Stagnation der weltwirtschaftlichen Entwicklung konnte die BRD auf Kosten Ostdeutschlands vermeiden.

Wenn die »Wirtschaftsweisen« davon sprechen, dass Deutschlands Wachstumsschwäche der Wiedervereinigung geschuldet sei, erweist sich das an Hand der Tatsachen als blanker Hohn.

Neben dem legalisierten Diebstahl des Volkseigentums füllten insbesondere die Gewinne aus diesem gewaltigen wirtschaftlichen Einheitsboom die Kassen der Konzerne und die Privatkonten ihrer Besitzer. Nicht zufällig weist die offizielle – stark frisierte, um nicht zu sagen gefälschte – Einkommenssteuerstatistik bei den reichsten Deutschen allein zwischen 1989 bis 1992 den größten Vermögenszuwachs in der deutschen Geschichte aus.

Insbesondere Handelsketten, Autokonzerne, Bauunternehmen und Finanzinstitutionen haben im Zuge der Wiedervereinigung ihre Gewinne explosionsartig gesteigert. Die Gewinne aller Kapitalgesellschaften (AG, GmbH) legten um 75 Prozent zu.

»Die westdeutschen Kämmerer hätten ohne die deutsche Einheit in der Zeit von 1990 bis 2003 rund 400 bis 500 Milliarden Euro weniger eingenommen.«[19]

Im Gefolge dieses Wirtschaftsaufschwunges kamen im Westen Deutschlands auch Millionen Menschen in den Genuss eines Arbeitsplatzes. Die Zahl der Erwerbstätigen stieg um 1,5 Millionen. Die Zahl der registrierten Arbeitslosen konnte um 500.000 reduziert werden.

Derartig gravierende und kurzfristige Verbesserungen auf dem Wirtschafts- und Arbeitsmarkt wurden in der BRD zu keinem anderen Zeitpunkt erreicht.

Der Umfang und die Motive für die Abwerbung und Abwanderung der ostdeutschen Bevölkerung nach der Wende stimmen mit denjenigen bis zum Mauerbau weitgehend überein.

Nach Untersuchungen der Kreditanstalt für Wiederaufbau (KfW) ist der typische »Auswanderer« von Ost- nach Westdeutschland jung (77 Prozent unter 30 Jahren; weitere 20 Prozent zwischen 30 und 50 Jahren), überwiegend weiblich (64 Prozent aller Auswanderer) und überdurchschnittlich qualifiziert (37 Prozent haben Hoch- und Fachschulreife).

Damit wird dem Osten alles genommen, was die Zukunft gestalten kann: Jugend, Frauen und Wissen.

Das bemerkenswerte »Zwischenfazit« der KfW lautet: »Im Zuge der Binnenwanderung gingen den neuen Bundesländern überdurchschnittlich viele junge und qualifizierte Menschen verloren. Darunter leidet auch das Innovationspotenzial der ostdeutschen Wirtschaft, weil gerade junge Menschen als risikofreudiger und ideenreicher gelten. Die hohe Fortzugsintensität der jungen Frauen im gebärfähigen Alter schränkt zudem die Möglichkeit steigender Geburten in der Zukunft weiter ein.«[20]

Das Hamburger Nachrichtenmagazin *Der Spiegel* bemerkte dazu: »Die 20- bis 40-Jährigen bilden jene Altersgruppe, die deutschlandweit um eine halbe Million pro Jahr schrumpft und deshalb im Westen besonders willkommen ist. […] Weil die Arbeitskräfte knapper werden, deckt sich der Westen weiterhin im Osten ein. Wenn das Humankapital – also das in den Köpfen gesammelte Wissen – dort ständig abgeschöpft wird, verschwindet der eigentliche volkswirtschaftliche Reichtum. Die Investitionen fallen zurück, damit die Produktion, als Folge auch das Einkommensniveau. Das wiederum verstärkt die Abwanderung.«[21]

Die Motive der »Auswanderer« sind eindeutig: Sie finden im Osten Deutschlands keine Arbeit, sehen für sich und ihre Kinder keine Perspektive – und haben hier auch keine. Bestimmte Arbeitsplätze können in Westdeutschland überhaupt nur durch »Auswanderer« aus dem Osten besetzt werden. »Von den 600 Münchner Lokführern kommen 400 aus den neuen Ländern. Ohne uns würde das Netz zusammenbrechen, sagt ein ›Ausgewanderter‹. Welche Folgen hätte es für Stuttgart oder München, wenn dort über Nacht alle ostdeutschen Zuwanderer abgezogen würden? Das öffentliche Leben wäre empfindlich gestört, Unternehmen, Restaurants und Krankenhäuser hätten Schwierigkeiten, ihren Betrieb aufrecht zu erhalten.«[22]

In zehn Jahren vor dem Mauerbau, von 1951 bis 1961, verließen 2,1 Millionen Menschen die DDR.

Seit 1989 haben bereits 4,1 Millionen Menschen den »Neuen Bundesländern« den Rücken gekehrt.

Die Bevölkerung der Ex-DDR schrumpfte vorrangig durch diesen Aderlass von 16,6 Millionen Bürgern (1989) auf 14,4 Millionen (2007).

Der Abwanderungsstrom führt dazu, dass bis zum Jahr 2000 einstige Industriestädte wie Hoyerswerda, Rostock, Chemnitz, Cottbus, Magdeburg oder Zwickau 20 Prozent und mehr ihrer Einwohner verloren haben. Jeder Fünfte kehrte seiner Heimat den Rücken. Nicht unbedingt freiwillig.

Trotz renovierter Innenstädte, die immer wieder als Hauptterrungenschaft der »Aufbauarbeit« herausgestellt werden, gehen sie. Denn es gibt auch errichtete und nicht genutzte Gewerbeparks, unvermietbare Büro- und Wohnhäuser, erneuerte Straßen- und Schienennetze, die aber ebenso wenig genutzt werden. Viele der ehemaligen Industriezentren der DDR veröden und vergreisen. Die Arbeitslosigkeit beträgt trotz Massenflucht in den Westen bei den Dagebliebenen real um 30 Prozent.

Durch die Abwanderung ostdeutscher Menschen entstand im Westen nicht nur zusätzliches Sozialprodukt. Dem Osten wurde in Größenordnung Wissen geraubt, das durch eines der besten Bildungssysteme der Welt vermittelt worden war. Hohe Ausbildungskosten wurden in den Westen »verschoben« und dort eingespart. Jeder Auswanderer nahm und nimmt Kapital mit, indem er Wissen und Erfahrung von Ost nach West trug und trägt, wovon man dort profitierte und profitiert.

»Kein anderer Landstrich in Europa, einige Bürgerkriegsgebiete auf dem Balkan vielleicht ausgenommen, wurden in der jüngeren Geschichte von einer vergleichbaren Einwohnerflucht heimgesucht wie Ostdeutschland. Es sind die jüngeren, mobileren und wagemutigen Ostdeutschen, die ihrer Heimat den Rücken kehren. [...] Jeder von ihnen schleppt einen Rucksack voll Geld in den Westen – eine Ausbildung kostet nämlich zwischen fünfzig- und hunderttausend Euro. [...] Im Osten bleiben diejenigen zurück, denen das Vertrauen in die Zukunft abhanden gekommen ist – Sozialhilfeempfänger, Arbeitslose und Alte. Der Exodus lässt den Osten ›versteppen, verblöden und vergreisen‹.«[23]

Es gibt auch »Zuwanderer« aus dem Westen in den Osten Deutschlands. Deshalb wird in allen Veröffentlichungen von einem »Wanderungssaldo« gesprochen. Dieser bezeichnet die Differenz zwischen Abwanderungen aus dem Osten und Zuwanderungen aus dem Westen.

	Abgänge	Zuzüge	Saldo
1989	388	5	-383
1990	395	36	-359
1991	250	80	-170
1992	199	111	-88
1993	172	119	-53
1994	163	136	-27
1995	168	143	-25
1996	166	152	-14
1997	168	157	-11
1998	183	152	-31
1999	196	152	-44
2000	204	136	-68
2001	230	139	-91
2002	216	139	-77
2003	195	138	-57
2004	186	133	-53
2005	175	128	-47
2006	174	123	-51
2007	135	85	-50
2008	137	86	-51
Gesamt	**4100**	**2350**	**-1750**

Innerdeutsche Bevölkerungswanderung (in Tausend)

Der »Wanderungssaldo« ist bei den jüngeren, arbeitsfähigen Menschen zu Lasten des Ostens permanent negativ. Bei den über 50-jährigen ist der Wanderungssaldo zeitweilig »positiv« für den Osten, dem Wesen nach jedoch kaum.

Es handelt sich bei diesen »Zuwanderern« überwiegend um Politiker, Beamte, Behördenangestellte, Juristen, Finanzmakler, Manager und andere »Führungspersönlichkeiten«, die den Osten verwalten und beherrschen.

Das drückt sich spürbar im Anteil der »Führungskräfte« an der Bevölkerung aus. »Ostdeutsche machen in der Bundesrepublik einen Anteil an der Gesamtbevölkerung von 20 Prozent aus. (*2009 nur noch 16 Prozent – K. B.*) Hingegen beträgt ihr Anteil am Führungspersonal in der Justiz und beim Militär 0 Prozent, in der Wirtschaft 0,4 Prozent, in der Verwaltung 2,5 Prozent, in der Wissenschaft 7,3 Prozent, in den Medien 11,8 Prozent und in den Gewerkschaften 12,4 Prozent.«[24]

Nationalen Reichtum schafften (und schaffen) die meisten »Zuwanderer« im Osten kaum. Im Gegenteil: Mit ihren überhöhten Gehältern, »Buschzulagen«, Trennungsgeldern, Abfindungen und viel Betrug vernichteten sie hier Nationaleinkommen, statt welches zu erwirtschaften.

Matthias Krauß beschrieb diese Beobachtung. »Seit 1990 arbeite ich als Journalist in der brandenburgischen Landespolitik, manche West-Kollegen sind dort genau so lange tätig wie ich. [...]

Der deutsch-deutsche Dialog bleibt voller Tabus und Unaufrichtigkeiten, grundiert wird er von einem schlichten Tatbestand: Die einen haben das Geld, und die anderen haben es nicht. Und wer die Butter hat, wird frech, schrieb Kurt Tucholsky. Wie Unternehmer oder ›Investoren‹, denen man gern jede ›Macke‹ verzeiht. Doch die sind in diesem Fall weniger gemeint als die Zehntausende, die – aus den ›alten‹ Ländern stammend – den ostdeutschen Staatsdienst für sich erobert haben und sich fürstlich bezahlen lassen. Sie gerieten einst in diese Position dank Ausschreibungsbedingungen, die ein Ostdeutscher einfach nicht erfüllen konnte.

Die Folge: Von den 4.500 Beschäftigten im höheren Dienst Brandenburgs sind im 15. Jahr der Einheit 3.800 Westdeutsche.

Der Tonfall in der brandenburgischen Staatspolitik ist ein gepflegtes Rheinländisch oder ein nicht minder gepflegtes Bayerisch. Von Hartz IV sind diese Herrschaften nicht bedroht – sie sind diejenigen, die dieses Verfahren dirigieren. Gleichsam sinnbildlich erscheint dabei die brandenburgische Trennungsgeldaffäre. Hunderten von ›uneigennützigen Aufbauhelfern‹ in hohen, höchsten und allerhöchsten Rängen war es nicht genug, dass sie in Brandenburg 100 Prozent Westgehalt bezogen, während immer mehr der dort Lebenden arbeitslos wurden oder jedweden Tarifschutz verloren. Nicht gereicht haben Zuschläge, Zuschlagszuschläge, Buschzulagen, Ministerialzulagen und weiß der Teufel was noch.

Während immer mehr Familien im Osten auseinander gerissen wurden und dafür keinen Cent sahen, wurde im Landesdienst beim Trennungsgeld in einem Maße ungerechtfertigt abgeräumt, dass dem Betrachter nur noch schwindlig werden konnte. Selbst nach den Maßstäben des überaus großzügigen Beamtenrechts wurden Unsummen zuviel ausgeschüttet. […]

Die Durchschnittsrente in Brandenburg beträgt derzeit 800 Euro. Brandenburgische Beamte im Ruhestand und westdeutscher Herkunft beziehen im Durchschnitt über 3.500 Euro. Da weiß man doch, was es zu verteidigen gilt.

Und sollte ein Pensionär irgendwann in die alte Heimat zurückziehen wollen, dann zahlt ihm das Land allein für den Umzug bis zu 10.000 Euro.

Eine solche Klassengesellschaft soll man deutsche Einheit nennen? Ein auf Pfründe fixiertes Pharisäertum hat sich im Osten Privilegien gesichert, die alles in den Schatten stellen, was zu DDR-Zeiten üblich war.«[25]

Mit der Abwanderung ausgebildeter und arbeitsfähiger Menschen und einer Geburtenrate mit 1,1 Kindern je Frau zählt Ostdeutschland mit Nordspanien und Norditalien zu den Ausnahmen in Europa.

»In keinem Staat der Welt, vom Vatikan einmal abgesehen, wurden nach 1990 weniger Kinder geboren als in der ostdeutschen Teilgesellschaft, die sich mit atemberaubendem Tempo in das Altersheim der Republik verwandelt.«[26]

Anmerkungen

1 Vgl. auch: Ralph Hartmann, Die Liquidatoren. Der Reichskommissar und das wiedergewonnene Vaterland, edition ost, Berlin 2008

2 Uwe Müller, Supergau Deutsche Einheit. Berlin 2005, S. 37

3 Wolfgang Schäuble: »Es war Anschluss, nicht Vereinigung.« In: *Neues Deutschland*, 6. März 2006. Deshalb spreche ich auch nicht mehr von »Wiedervereinigung«, sondern wie Schäuble von »Anschluss«

4 Unfrieden in Deutschland. Weißbuch der Gesellschaft zum Schutz von Bürgerrecht und Menschenwürde e. V. (GBM), Berlin 1999, S. 59f.

5 vgl. dazu auch Klaus Huhn, Raubzug Ost. edition ost, Berlin 2009

6 Wolfgang Dümke/Fritz Vilmar (Hrsg.), Kolonialisierung der DDR. Münster 1996, S. 119

7 Uwe Müller, Supergau ..., a. a. O., S. 42

8 Will Hutton, Wirtschaftskolumnist des *Guardian*, zitiert von Daniela Dahn in: »Wenn und Aber«, Berlin 2002, S. 175

9 Beschluss des CDU-Parteitages vom 1./2. Dezember 2008 in Stuttgart

10 Siegfried Wenzel, Was war die DDR wert? Das Neue Berlin, Berlin 2000, S. 171ff.; Wolfgang Dümke/Fritz Vilmar (Hrsg.), Kolonialisierung ..., a. a. O, S. 142ff. Rolf Mager, Manfred Voigt, Transferleistungen im geeinten Deutschland – PDS im Bundestag 1999, S. 28f.; Interne Treuhanddokumentationen

11 Urteil des Bundesverfassungsgerichts zum Mitbestimmungsgesetz vom 1. März 1979, zitiert in: Unfrieden in Deutschland. Weißbuch der GBM, Berlin 1999, S. 18

12 Erich Buchholz, zitiert in: Unfrieden in Deutschland. Weißbuch der GBM, Berlin 1999, S. 94

13 Rede Angela Merkels: »Vor 20 Jahren – am Vorabend der friedlichen Revolution«, Berlin 8. Mai 2009 *(www.bundesregierung.de/nn_843816/Content/DE/Rede/2009/05/2009-05-08-bkin-friedliche-revolution.html)*

14 Kombinate – Was aus ihnen geworden ist. Verlag die Wirtschaft, Berlin 1993 S. 271ff.

15 Weissbuch, a. a. O., S. 11

16 Hans Modrow, Ich wollte ein anderes Deutschland. Berlin 1998, S. 334

17 Michael Jürgs, Die Treuhändler. München 1997, S. 224f.

18 Norbert Peche, Selbst ist das Volk. Berlin 2007, S. 171

19 Jörg Staude, Transfer von Ost nach West und retour. In : *Neues Deutschland*, 10. November 2004

20 15 Jahre Deutsche Einheit. Wie geht es mit dem Osten weiter? – Sonderband Nr. 34 der KfW Bankengruppe, Frankfurt/Main 2005, S. 38

21 *Der Spiegel* 3/2002

22 Uwe Müller, Supergau ..., a. a. O., S. 105

23 Uwe Müller, Supergau ..., a. a. O., S. 10

24 Siegfrie Prokop, 15 Jahre deutsche Einheit – Probleme und Folgen. In: Die unvollendete Einheit, Berlin 2006, S. 9

25 Matthias Krauß, Wer die Butter hat, wird frech. In: *Der Freitag*, 5. August 2005

II. Die Ausplünderung des Ostens vor dem Anschluss

1. Die besondere Belastung Ostdeutschlands nach dem 2. Weltkrieg

Der »Ostexperte« und »DDR-Kenner« der SPD, Klaus von Dohnanyi, behauptete in einem Zeitungsinterview im Herbst 2005: »Ostdeutschland war 1945 wirtschaftlich stärker als Westdeutschland.«[1]

Woher er dieses Wissen nimmt, bleibt sein Geheimnis. Die Ausgangsbedingungen für den Osten Deutschlands waren nämlich andere. Die Produktionsstruktur vor dem 2. Weltkrieg in dieser Region war geprägt von einer Konzentration auf Endprodukte, insbesondere des Maschinenbaus und der Textilindustrie. Es fehlte die Rohstoff- und Zuliefererbasis, insbesondere der Metallurgie. Die Zulieferungen kamen zu einem großen Teil aus dem westdeutschen Ruhrgebiet.

Auf dem Gebiet der späteren sowjetischen Besatzungszone wurden im Jahre 1936 ganze 27 Prozent der gesamten deutschen Nettoproduktion der Eisen- und Stahl verarbeitenden Industrie erzeugt.

Der Anteil der dafür erforderlichen Grundrohstoffe, vor allem Roheisen, Walzstahl, Koks und Steinkohle, betrug jedoch nur fünf Prozent.

Diese Disproportionen wurden durch den 2. Weltkrieg weiter verschärft. Die metallurgische Produktion im Osten Deutschlands war zerstört. 1946 wurden gerade noch 100.000 Tonnen Walzstahl hergestellt.

Das war annähernd ein Zehntel der Vorkriegsproduktion.

Daraus ergaben sich wesentlich schwierigere Startbedingungen für den Osten als für den Westen Deutschlands.

Im Vergleich zum Westen lebten nach dem 2. Weltkrieg in Ostdeutschland zwar 36 Prozent der Bevölkerung (hier machte sich der Zuzug der sogenannten Umsiedler aus Ost- und Westpreußen, Pommern, Schlesien und den Sudeten bemerkbar). Diese 36 Prozent erzeugten aber nur 13 Prozent der wirtschaftlichen Leistung in Nachkriegsdeutschland.

»Das durch die Spaltung hervorgerufene Zulieferungsproblem in der SBZ illustriert der Fakt, dass es unmittelbar nach dem Krieg nicht möglich war, ohne Lieferungen aus Westdeutschland in Ostdeutschland auch nur ein Fahrrad herzustellen.

Entscheidend ins Gewicht fielen jedoch die stornierten Lieferungen von Steinkohle, Koks, Eisen, Stahl und Walzgut.

Vor dem 2. Weltkrieg bezog Ostdeutschland jährlich rund 7,5 Millionen Tonnen Steinkohle und Koks sowie über zwei Millionen Tonnen metallurgische Erzeugnisse aus Westdeutschland.

1947 waren diese Bezüge auf 1,56 Millionen Tonnen Steinkohle und Koks sowie auf etwa 200.000 Tonnen Walzstahl zurückgegangen. Bei Steinkohle also auf ein Fünftel.

1948 gingen die Walzstahllieferungen um weitere 120.000 Tonnen zurück. Der innerdeutsche Handel schrumpfte von rund 4 bis 5 Milliarden Mark vor dem 2. Weltkrieg auf etwa 0,5 Milliarden Mark im Jahre 1947.

1948 konnten vor allem wegen Rohstoffmangels bis zu 40 Prozent der Produktionskapazitäten nicht genutzt werden.«[2]

Wegen dieser grundlegenden wirtschaftlichen Disproportionen zwischen Finalproduktion im Osten und Zulieferproduktion im Westen Deutschlands war im Potsdamer Abkommen festgelegt, Deutschland als eine Wirtschaftseinheit zu erhalten. In Verletzung dieser völkerrechtlichen Vereinbarung verfolgten die Westmächte und die politischen Kräfte in den Westzonen jedoch von vornherein ein anderes politisches Ziel. Es ging ihnen darum, den sowjetischen Einfluss abzuwehren und das alte kapitalistische gesellschaftliche und wirtschaftliche System in ganz Deutschland zu restaurieren.

Mit der separaten Währungsreform in den Westzonen 1948 wurde der einheitliche Organismus Deutschlands wirtschafts- und währungspolitisch gespalten. Mit der Bildung des westdeutschen Separatstaates im Mai 1949 wurde die Trennung staatlich vollzogen. Damit war eine Entwicklung besiegelt, die für den kleineren Teil, die sowjetische Zone, im Gegensatz zu den Westzonen, verheerende Auswirkungen hatte.

Der erste Fünfjahrplan der DDR für die Jahre 1950 bis 1955 konnte deshalb keine andere Aufgabe stellen, als die verfügbaren Mittel auf den Aufbau der Schwerindustrie, insbesondere die

Metallurgie, zu konzentrieren. Mit der Inbetriebnahme der Eisenhüttenwerke in Eisenhüttenstadt und Calbe 1951/52 wurde eine metallurgische Basis geschaffen, die nicht nur hohe Investitionsaufwendungen erforderte, sondern auch umfangreiche Rohstoffimporte nach sich zog. Auch in den Folgejahren zwang die Spaltung Deutschlands zu einer Konzentration der Investitionen auf die Schwerindustrie (Energiewirtschaft, Chemie, Metallurgie), so dass die Akkumulationsraten wesentlich über der Konsumtion lagen, was zu nicht unerheblichen sozialen und politischen Spannungen geführt hat, welche sich etwa um den 17. Juni 1953 entluden.

Eine besondere Rolle bei der Entwicklung beider deutscher Staaten spielten die Reparationsleistungen. »Auf der Konferenz von Jalta im Februar 1945 einigten sich die USA, Großbritannien und die UdSSR auf drei Reparationsformen: Demontagen und Beschlagnahmung von Auslandsguthaben, Lieferungen aus der laufenden Produktion und die Verwendung deutscher Arbeitskräfte. Die Höhe der deutschen Reparationsleistungen blieb offen«, heißt es dazu bei der CDU-nahen Konrad-Adenauer-Stiftung.

»Auch auf der Potsdamer Konferenz im Juli/August 1945 konnten sich die Alliierten nicht auf eine feste Reparationssumme einigen. Die UdSSR hatte einen Reparationsplan vorgelegt, der auf dem Protokoll von Jalta aufbaute und wiederum von 20 Milliarden Dollar Reparationen, davon zehn Milliarden Dollar für die UdSSR und Polen, ausging.

Vereinbart wurden folgende Regelungen: Jede Besatzungsmacht sollte ihre Reparationsansprüche aus ihrer eigenen Zone befriedigen. Zusätzlich sollte die Sowjetunion 25 Prozent der Demontagen aus den Westzonen erhalten, 40 Prozent davon ohne Gegenleistung. Außerdem wurde die deutsche Handelsflotte aufgeteilt. Die UdSSR erhielt den deutschen Auslandsbesitz in Finnland, Rumänien, Ungarn, Bulgarien und Ostösterreich, während die Westmächte über den deutschen Auslandsbesitz in allen anderen Staaten der Welt verfügen konnten. Die Verwendung deutscher Arbeitskräfte, die Goldreserve des deutschen Reiches und auch Lieferungen aus der laufenden Produktion fanden im Potsdamer Protokoll keine Erwähnung. Mit der Konferenz von Potsdam wurde Deutschland reparationspolitisch geteilt.« Dem ist nicht zu widersprechen.

»Beute- und Demontageaktionen gingen in der letzten Phase des Krieges ineinander über. Der weitaus größte Teil der Anlagen in der SBZ wurde 1945/46 entnommen. In den Westzonen begannen die Demontagen erst 1948/49 systematische Formen anzunehmen und wurden bis 1951 abgeschlossen. Hier wurden insgesamt 668 Werke abgebaut, was zu Kapazitätsverlusten von ca. fünf Prozent führte.

In der SBZ wurden demgegenüber, nach deutschen Quellen, weit über 2.000, nach russischen Quellen sogar mehr als 3.000 Betriebe aller Art demontiert.

Die Demontagen haben mindestens 30 Prozent der 1944 in der späteren SBZ vorhandenen industriellen Kapazitäten zerstört. Sie wirkten damit viel einschneidender als die unmittelbaren Kriegszerstörungen.«[3]

Die US-Besatzungsbehörden untersagten bereits Anfang 1946 in ihrer Zone Reparationslieferungen an die Sowjetunion. Diese Verweigerung war sowohl Ausgangspunkt wie eben auch Bestandteil des beginnenden Kalten Krieges. Aber auch sie unterließen es, ihre eigenen legitimen Reparationsforderungen durchzusetzen. Statt dessen wurde über den Marshallplan Westdeutschland in Form von Rohstoffen, Ausrüstungen und Nahrungsmitteln eine umfassende »Starthilfe« gewährt. Der überwiegende Teil dieser Kreditierung war rückzahlungsfrei.

Hinter diesem unterschiedlichen Verhalten der Besatzungsmächte steckten unterschiedliche politische Interessen. Der UdSSR, die die Hauptschäden des 2. Weltkrieges zu verkraften hatte, ging es um eine schnelle materielle Teilwiedergutmachung.

Die USA, die von Kriegsauswirkungen verschont geblieben waren, verfolgten eine andere politische Strategie. Diese hatte zwei Ziele. Erstens wollte man sich dauerhaft in Westeuropa festsetzen, zweitens die Sowjetunion aus Zentraleuropa herausdrängen. Dazu brauchte man Verbündete. Auch und besonders in Westdeutschland. Für die beabsichtigte »Eindämmung des Kommunismus« (*containment*), aus dem schon bald das offensivere, aggressivere »Zurückrollen des Kommunismus« (*roll back*) werden sollte, benötigten die USA starke und treue Vasallen und keine geschwächten und gedemütigten Westdeutschen. Diese sollten in einem eigenen, wirtschaftlich rasch aufblühenden Staat leben.

Die USA hatten nach Kriegsende sehr schnell erkannt, wie der Wettlauf mit »dem Kommunismus« zu gewinnen sei. Der ehemalige

US-Vizepräsident Al Gore beschrieb das zutreffend so: »Der Widerstand gegen den Kommunismus bildete den Grundzug praktisch aller geopolitischen Strategien und Sozialpolitiken, die der Westen seit dem 2. Weltkrieg entworfen hat. Der Marshallplan etwa war in erster Linie dazu gedacht, Westeuropas Widerstandskraft gegen die Ausbreitung der kommunistischen Idee zu stärken.«[4]

Die Abwicklung der Reparationsleistungen im Osten Deutschlands erfolgte im Zeitraum 1946 bis 1953 sowohl durch Demontagen als auch durch »Entnahmen aus laufender Produktion«. Die Demontagen führten bis 1948 im Ostteil Deutschlands zu einem nochmaligen Substanzverlust von 30 Prozent gegenüber dem ohnehin verheerenden Nachkriegsstand.

Das Verhältnis des Abbaus von industriellen und infrastrukturellen Kapazitäten im Vergleich zum Westen Deutschlands betrug 10:1 zu Lasten Ostdeutschlands. Die Folge war im Jahre 1948 in der SBZ ein Industrievermögen zwischen 74 und 84 Prozent gegenüber dem Jahr 1936. In den Westzonen hatte es bereits 111 Prozent erreicht.

»Rund 1.000 Betriebe wurden in diesen Jahren komplett demontiert, hunderte weitere mussten Teile ihrer Maschinen abgeben. Hinzu kam der Abbau von Schienen, die Mitnahme von Waggons, Lokomotiven und Schiffen. [...] Einst blühende Branchen wie die Autoindustrie erholten sich von der Demontage nie wieder.«[5]

Um eine totale Zerschlagung der ostdeutschen Wirtschaft zu verhindern, wurden im Juni 1946 mit Befehl der sowjetischen Militäradministration die Reparationsleistungen auf Entnahmen aus der laufenden Produktion beschränkt. Noch vorhandene Betriebe wurden in Sowjetische Aktiengesellschaften (SAG) umgewandelt. Sie wurden zu sowjetischem Eigentum.

Die neue Produktionsstruktur wurde weitgehend den Bedürfnissen der UdSSR angepasst. Materialintensive und investitionsaufwändige Industriezweige wie Schiffbau, Schwermaschinenbau, Chemie wurden errichtet, ohne dass dafür im Osten die entsprechende Rohstoffbasis existierte.

Die Entnahmen aus laufender Produktion für die UdSSR betrugen zwischen 1946 und 1953 rund 22 Prozent der Gesamtproduktion im Osten. Das Verhältnis der Belastungen zwischen Ost und West betrug damit 98 zu 2.[6]

Diese Entwicklungen hatten einschneidende und langfristige Auswirkungen auf die wirtschaftliche und soziale Entwicklung in Ostdeutschland. Die neuen Strukturen der Schwerindustrie zogen weitere gewaltige Investitionen, insbesondere in der Energiewirtschaft und Metallurgie, nach sich. Es entstanden langfristige Rohstoff- und Energiebedürfnisse, die von der DDR nur über Importe realisiert werden konnten. Die notwendigen Investitionen beschränkten die Möglichkeiten für eine ausreichende Entwicklung der Konsumtion. Vor allem aber entstanden damit Abhängigkeiten, die automatisch weitere Konsequenzen nach sich zogen. Es wurde eine Spirale in Gang gesetzt.

Es ist nicht möglich, alle Folgewirkungen der unterschiedlichen wirtschaftlichen Behandlung der Besatzungszonen durch ihre jeweiligen Besatzungsmächte zu ermitteln und gegenseitig aufzurechnen. Das wäre auch ungerecht und unseriös. Weitgehend anerkannt ist jedoch, dass mit den Reparationsleistungen und -zahlungen für den Hitlerkrieg, die fast ausschließlich durch Ostdeutschland erbracht wurden, die Schuld für das gesamte deutsche Volk getragen wurde. Man kann es anders formulieren: Das Deutsche Reich hat den Krieg geführt – die Rechnung dafür aber hat die DDR zahlen müssen. Und das, obgleich nicht sie, sondern die BRD sich zum Rechtsnachfolger des untergegangenen Reiches erklärte.

Zur Frage der einseitig geleisteten Reparationen gibt es eine Vielzahl ökonomischer und juristischer Gutachten sowie politische Meinungen, die eine Ausgleichspflicht des Westens gegenüber dem Osten begründen und deren Höhe beziffern.

Hinsichtlich der Höhe kommen westdeutsche Ökonomen und Institutionen zu unterschiedlichen Ergebnissen. Die Zahlen bewegen sich zwischen 40 und 100 Milliarden DM für den Zeitraum zwischen 1945 bis 1953.

Das weitgehend anerkannte Gutachten, das im Auftrag der Bundesregierung 1989/90 unter Leitung des Bremer Historikers Prof. Dr. Arno Peters erarbeitet und von 55 Professoren, dem Bürgermeister und zwei Senatoren Bremens unterzeichnet wurde, nehme ich als Basis.

Nach diesem Gutachten hat – auf der Basis der Preise des Jahres 1953 – jeder DDR-Bürger 16.124 D-Mark Reparationsleistungen erbracht. Jeder BRD-Bürger hingegen nur 126 DM.

Peters beziffert die Schulden des Westens gegenüber dem Osten bis zum Jahre 1953 mit 72,2 Milliarden DM (Preise 1953).

Mit Zinsen und bei aktualisierten Preisen ergab sich bis 1989 nach Prof. Peters Berechungen eine Schuld des Westens gegenüber dem Osten von 727,1 Milliarden DM.

Peters und seine Mitstreiter riefen die Regierung der BRD »zur Zahlung ihrer Reparationsausgleichsschuld an die DDR« auf.[8]

Auch der CDU-Politiker Kurt Biedenkopf verschloss sich der Forderung nach einem Lastenausgleich zwischen den beiden deutschen Staaten nicht. Er erklärte 1989: »Es ist ja offensichtlich, dass die DDR fast allein die Last der Reparationen getragen hat. […] Mir geht es darum, deutlich zu machen, wenn wir jetzt der DDR Ressourcen zur Verfügung stellen, das nicht unter der Überschrift ›Hilfe‹ oder sogar ›altruistische Hilfe‹ subsumieren können, sondern dass es für uns eine Verpflichtung gibt.« Er betonte weiter, dass es sich für die Bundesrepublik in diesem Falle gewissermaßen um »eingespartes Kapital« handelt, »mit dem wir ja arbeiten konnten. Und dieses Treugut muss man natürlich zurückgeben.«[8]

Natürlich wurde ein solches Anliegen – letztmalig im Februar 1990 durch den DDR-Ministerpräsidenten Hans Modrow mit bescheidenen 15 Milliarden DM vorgetragen – durch die Regierung Kohl abgelehnt. Hans Modrow beschreibt diesen demütigenden Vorgang in seinen Erinnerungen: »In seinem Buch ›Ich wollte die Einheit Deutschlands‹ erinnert sich Helmut Kohl an unser Gespräch vom 13. Februar 1990 nur mit einem einzigen Gedanken: Es sei unerquicklich gewesen, ich hätte noch immer die Unverschämtheit besessen, eine zweistellige Milliardensumme zu verlangen, was er in Davos schon abgelehnt hätte, weil diese Summe nur irgendwo versickern würde.

Aber in Davos […] sollten noch Experten an die Arbeit gehen, […] um Lösungsvorschläge für politische Entscheidungen vorzulegen.

Die 15 Milliarden D-Mark wurden auch nicht als fiktive Größe genannt. Es lag eine konkrete Verwendungskonzeption vor, unter anderem sollte die Bundesrepublik mit fünf Milliarden an jenen Verlusten der DDR beteiligt werden, die aus dem Abkauf von Waren über den noch immer künstlich hochgehaltenen Wechselkurs zu Lasten unseres Landes entstanden waren.«[9]

Die Rückgabe des Treugutes steht nach wie vor aus.

2. Die Abwerbung ostdeutscher Fachkräfte

Die Entwicklung der ostdeutschen Wirtschaft erfolgte bis 1961 unter den Bedingungen der offenen Grenze zu Westdeutschland und Westberlin. Auf Grund der wesentlich besseren ökonomischen Startbedingungen übte der Westen auf viele Bürger der DDR eine faszinierende Anziehungskraft aus.

Hinzu kam die gezielte Abwerbung ostdeutscher Spitzenkräfte durch westliche Konzerne und Institutionen.

Eine massenhafte Abwanderung Ostdeutscher war die Folge. Die Übersiedler waren bis zu 50 Prozent junge, arbeitsfähige Menschen im Alter bis 25 Jahre und zu einem großen Teil gut ausgebildete Facharbeiter und Akademiker, vorrangig Ingenieure, Ärzte, Wissenschaftler.

Die Anziehungskraft Westdeutschlands wurde auch durch den großzügigen Umgang mit der NS-Vergangenheit in den westlichen Besatzungszonen mitbestimmt. Nur ein Beispiel: Nach aktuellen Erkenntnissen waren Anfang der 50er Jahre 30 bis 40 Prozent aller Bundesbeamten im Außen- und Innenministerium einst Mitglieder der Nazi-Partei. Dem ersten Kabinett Adenauers gehörten mehr NSDAP-Mitglieder an als dem ersten Kabinett Hitlers.

Über die Anzahl der Übersiedler gibt es unterschiedliche Aussagen. Westdeutsche Quellen geben die Abwanderung Ostdeutscher bis zum Mauerbau mit 3,1 Millionen Menschen an. Hinzu kamen mindestens 100.000 Personen die als ständige Grenzgänger im Westen arbeiteten.

Ostdeutsche Quellen dokumentieren für den Zeitraum 1951 bis 1961 einen Abgang von 2,1 Millionen Menschen.

Der Effekt dieser Abwanderung war ein doppelter. Im Westen schufen diese Menschen in der Zeit des Wirtschaftsaufschwunges und knapper Arbeitskräfte zusätzliches Sozialprodukt. Im Osten gingen Ausbildungskosten und Produktionsleistungen unwiderruflich verloren.

Der DDR wurden auf diesem Wege 20 Prozent des gesellschaftlichen Arbeitsvermögens entzogen.

Die BRD bekam unentgeltlich sechs Prozent gut ausgebildetes deutsches Arbeitsvermögen hinzu.

Der Gewinn für eine boomende, auf qualifizierte Arbeitskräfte und wissenschaftlich ausgebildete Kader angewiesene westdeutsche

Wirtschaft war für diese von größter Bedeutung. »Die tatkräftige Unterstützung der Zonenflüchtlinge war für die Westdeutschen bei ihrem Wiederaufbau eine feine Sache, legten doch nicht zuletzt die Brüder und Schwestern aus dem Osten das Fundament für den westdeutschen Wohlstand. Was der einen Seite zuwuchs, verlor die andere. […] Dank dieses geballten Potentials, das auch mit der Vertreibung aus Polen und der Tschechoslowakei transportiert wurde, sind der Bundesrepublik nach der ›Stunde Null‹ (1945) vermutlich 360.000 Unternehmen und Gewerbe zugewachsen. Ohne die Zuwanderung hätte die Industrieproduktion im Westen 1975 um etwa 18 Prozent niedriger gelegen. […] Wegen der Fluchtbewegung forderte Ulbricht 1962 eine Entschädigung in Höhe von 100 Milliarden DM. Der gigantische Betrag würde heute 164 Milliarden Euro entsprechen.«[10]

Auch nach dem Mauerbau ging die Abwanderung ostdeutscher Menschen weiter. Westdeutsche Quellen dokumentieren von 1961 bis 1988 eine weitere Abwanderung von 673.000 Bürgern, in diesem Falle sicher viele offiziell ausgewanderte Rentner. Für die Jahre 1989/90 weisen die gleichen Quellen nochmals eine Auswanderung von 784.000 Bürgern aus. Hierbei handelt es sich überwiegend um junge Menschen, die im euphorischen Rausch der Öffnung der Grenzen ihr Wohl im Westen gesucht haben.

Somit haben seit dem Ende des 2. Weltkrieges bis zum Anschluss der DDR an die BRD im Jahre 1990 fast fünf Millionen Menschen den Osten Deutschlands Richtung Westen verlassen. Nimmt man die weiteren 3,1 Millionen nach 1990 bis heute hinzu, bedeutet dies, dass innerhalb einer Generation die Hälfte der Bevölkerung den Osten verlassen hat.

Einen solchen Aderlass kann kein Land der Welt ohne schwerwiegende ökonomische und soziale Verwerfungen überstehen.

Auswanderer nach politischen Perioden

1945-1948	Kriegsende bis Gründung DDR	720.00
1949-1961	Gründung DDR bis Mauerbau	2.700.000
1962-1988	Mauerbau bis Öffnung der Grenze	600.000
1989-1991	Wendezeit	1.000.000
1992-2003	Nachwendezeit bis jetzt	3.100.000
1945-2003	**Gesamtzeitraum**	**8.120.000**

»Der Landstrich verlor das, was einst seinen Reichtum begründete: Ein oft über Generationen hinweg gewachsenes Wissen, das ungebremst nach Westdeutschland verschwand. […] Nie zuvor in der zweihundertjährigen Industriegeschichte Deutschlands, wahrscheinlich nie vorher in der Industriegeschichte der ganzen Welt, hat es einen so gewaltigen Technologietransfer gegeben, einen Transfer von Ost nach West«, meinte Uwe Müller 2005 in seinem Buch »Supergau Deutsche Einheit« sehr zutreffend.

Die Potsdamer Konferenz hatte festgelegt, »um ein ausgeglichenes Wirtschaftsleben in ganz Deutschland zu schaffen und die Einfuhrnotwendigkeiten einzuschränken, ist eine gleichmäßige Verteilung der wesentlichen Waren unter den verschiedenen Zonen vorzunehmen«.

Die politischen Ziele der Bundesrepublik waren diesem völkerrechtlichen Anspruch diametral entgegengesetzt. »Der Handel sollte in erster Linie ein ökonomischer Hebel zur Erreichung politischer Ziele sein, die wirtschaftliche Bedeutung des Interzonenhandels schätzte man (in der Bonner Regierung) gering ein«, stellte der Bonner Minister für innerdeutsche Beziehungen bereits 1972 fest.[11]

Der politischen Zielstellung der westlichen Alliierten und der politischen Führung der BRD entsprechend, wurde der innerdeutsche Handel von Beginn an als politische und ökonomische Waffe gegen den Osten Deutschlands eingesetzt.

In politischen Krisensituationen wurde das Abkommen gekündigt oder außer Kraft gesetzt. Vertraglich vereinbarte Lieferungen waren ständig politisch motivierten Eingriffen ausgesetzt. Bereits in den Anfangsjahren des »innerdeutschen« Handels 1951 unterbrach die BRD zeitweise jeden Warenverkehr. Der Umsatz sank 1951 auf 45 Prozent und 1952 sogar auf nur 36 Prozent des schon geringen Niveaus von 1950. Gießerei- und Maschinenbaubetriebe der DDR mussten infolge dieser Wirtschaftsblockade vorübergehend schließen oder zu Kurzarbeit übergehen.

Auch im September 1960, in einer Periode zugespitzter internationaler Spannungen, die letztlich zum Bau der Mauer führten, kündigte die Bonner Regierung das bestehende Handelsabkommen mit der DDR.

Um ständige ökonomische Schwierigkeiten, insbesondere in der Metallurgie, der Elektroindustrie, im Maschinenbau und in der Chemie aus diesen erpresserischen Maßnahmen der BRD abzuwenden, war die DDR gezwungen, ein umfangreiches Programm zur »Störfreimachung« durchzusetzen. Mit gegenüber dem Weltmarkt wesentlich überhöhten Aufwendungen mussten Rohstoffe, Ersatzteile und Ausrüstungen beschafft bzw. in Eigenproduktion hergestellt werden. Diese viele Milliarden erfordernden Aufwendungen sind heute nicht mehr zu quantifizieren. Einfuhr- und Ausfuhrpositionen wurden kontingentiert und aneinander gekoppelt. Dies legte dem innerdeutschen Handel ein strukturelles Zwangskorsett im Interesse der BRD an.

Die Erpressung der DDR bei der Preisgestaltung im Export und Import war permanenter Bestandteil der BRD-Handelspolitik. Die Exportpreise lagen wesentlich unter dem Weltmarkt, die Importpreise darüber. Insbesondere bei Konsumgütern bereicherten sich westdeutsche Handelsketten an importierten DDR-Erzeugnissen.

Ein Insider aus DDR-Zeiten erinnert sich, wie »Quelles Frau Schickedanz zu ihren Milliarden kam«.

»Leipziger Herbstmesse, Standort Ringmessehaus, zweite Etage, künstlerisch gestaltete Messestände – den eleganten Produkten aus den Textilbetrieben der DDR angemessen. Aber zusätzlich noch der Aufwand für Modeschauen – einer Theaterinszenierung vergleichbar? Ist das nötig? fragte ich die Außenhändler. Und dann die stundenlange Absperrung der Etage! Erwarten wir einen Staatsgast?

Nein, es kommt Frau Schickedanz, die es sich nicht nehmen lässt, höchstpersönlich bei uns einzukaufen – die Chefin von Quelle.

Das Unternehmen Quelle war tatsächlich einer der Hauptabnehmer unserer volkseigenen Konsumgüterindustrie. Die DDR brauchte Devisen – und zwar umso mehr, je stärker sie ihre wirtschaftliche Basis erweiterte. Das wussten natürlich auch die Einkäufer aus der BRD. Und sie nutzten ihre Chancen in den Preisverhandlungen. In der Regel wurden sie durch den BND noch mit detaillierten Zusatzinformationen gefüttert.

Im Ergebnis kamen Lieferverträge zustande, die kein Äquivalent für den eigentlichen Wert der abgesetzten Waren darstellten. Der DDR ging somit in nicht unerheblichem Umfang Nationaleinkommen verloren. Besonders makaber war das im Fall des Versandhauses Quelle. Verkauft wurden nicht nur Textilwaren aller Art, sondern auch Haus- und Küchengeräte, vom Kochtopf bis zum Besteck, Elektrogeräte, Kühlschränke, Spielwaren, Möbel und Tausend andere Dinge.

Ein Fachmann aus der DDR hatte anhand des Quelle-Kataloges einmal nachgerechnet, dass bis zu 90 Prozent des Angebotes aus DDR-Produktion stammte.

Frau Schickedanz ließ sich auch gleich den Katalog ihres Hauses in der DDR drucken. Die Geschäfte mit DDR-Firmen erlaubten Quelle nicht nur hohe Gewinnspannen, sondern gestatteten außerdem moderate Preise, welche für hohe Umsätze sorgten, die auch den westdeutschen Kunden zum Vorteil gereichten. Jene konnten gar nicht wissen, dass sie Ostprodukte erwarben. Die Waren wurden nämlich oft umetikettiert oder ohne Markenzeichen verkauft. Im Verlauf der Geschäftsjahre hat die Quelle-Chefin so viel Vermögen angesammelt, dass sie den Karstadt-Konzern beinahe ganz und gar schlucken konnte. In ihren besten Tagen besaß sie 41,55 Prozent des Aktienkapitals von Karstadt-Quelle und ein geschätztes Privatvermögen von über zwei Milliarden Euro.[12]

Die BRD kaufte Produkte zu Dritte-Welt-Preisen in der DDR ein und vermarktete sie dann unverzollt und höchst gewinnbringend, häufig mit dem Aufdruck: Made in Germany. Dabei gab es eine Einnahmemaximierung, die noch heute viele goldene Nasen – nicht nur die von Frau Schickedanz – zum Glänzen bringt.«[13]

Anno 2009 glänzt bei Frau Schickedanz nichts mehr. Die DDR ist weg, und sie ist pleite und kauft im Supermarkt.

In einem offiziellen Bericht für den Deutschen Bundestag zum »innerdeutschen« Handel wird ausgesagt: »Die DDR […] richtete ganze Produktionszweige extra für den Export in das NSW ein, und sie verkaufte ihre Produkte unter Wert, so dass mit einer gewissen Berechtigung festgestellt werden kann, dass die Beschäftigten in der DDR ihren Beitrag zum relativen Wohlstand in der BRD leisteten. […] Der innerdeutsche Handel […] koppelte den Export von Gütern an den Import anderer Güter. Dadurch war auch dieser Weg für den Erwerb von Devisen verschlossen. Hinzu kam, dass diese einseitige Bindung an die Bundesrepublik Deutschland es jener ermöglichte, Waren an die DDR über Weltmarktniveau« zu verkaufen.

»Die zur Belieferung der DDR freigegebenen Marktordnungswaren hätte die DDR allerdings bei anderen EG-Partnern billiger, nämlich zum Weltmarktpreis, erhalten können«, heißt es dazu bei Siegfried Wenzel in »Was kostet die Wiedervereinigung?«.

Der langjährige Leiter der Abteilung BRD und Westberlin im Ministerium für Auswärtige Angelegenheiten, Joachim Mitdank, berichtete in seinen Erinnerungen. »Die Hauptstadt der DDR entwickelte sich für bestimmte Schichten der Bevölkerung ganz Berlins zu einem Ein- und Verkaufsparadies. […] Besondere Aktivitäten entwickelten dabei die in Westberlin stationierten 12.500 Soldaten und Offiziere der Westmächte, die mit ihren Angehörigen und Bekannten völlig unkontrolliert einreisen konnten. […]

Tag für Tag wiederholte sich im Zentrum Berlins die gleiche Szene. Große Militärbusse fuhren reihenweise zum Alexanderplatz und zum Ostbahnhof. Dann schwärmten sie kompanieweise in die Kaufhäuser und Läden aus und sammelten ein, was die DDR zu bieten hatte: Fotoapparate und Campingausrüstung, Musikinstrumente, Uhren usw. Besonders begehrt waren Meißner Porzellan und Thüringer Glas.«

Wenn »die alliierten Einkäufer von ihrem Beutezug zu den Bussen zurückkehrten, waren die meisten von ihnen schwer beladen. Und das alles zu einem Spekulationskurs, der zwischen 1:5 bis 1:8 schwankte. […]

Doch das war nur die Spitze des Spekulations- und Schieberproblems, das in vielerlei Hinsicht an die zwölf Jahre der offenen Grenze erinnerte, als in riesigen Ausmaßen der Aufkauf wertvoller Waren und Lebensmittel in der DDR und ihre Ausfuhr nach Westberlin und in die BRD organisiert wurde.

In Veröffentlichungen über den Reise- und Transitverkehr werden viele Zahlen darüber genannt, was die DDR an Transit- und Visa-Gebühren vereinnahmt habe. Nur eine Angabe fehlt. Es fehlt jeglicher Hinweis auf das Ausmaß der Profite der Wechselstuben, die dem Finanzsenator Westberlins unterstanden.«[14]

Eine besondere Rolle bei der ökonomischen Erpressung spielte die Embargopolitik und die auf ihr beruhenden Sperrlisten der CoCom.

1949 verabschiedeten die USA ein neues Exportkontrollgesetz, den Export Control Act. Darin erklärten sie den Außenhandel ausdrücklich zu einem Element der eigenen Außen- und Sicherheitspolitik. »Es ist die Politik der Vereinigten Staaten, ihre wirtschaftlichen Ressourcen und Vorteile im Handel mit kommunistisch beherrschten Staaten zu nutzen, um die nationale Sicherheit und die außenpolitischen Ziele der Vereinigten Staaten zu fördern.«[15]

Im Jahre 1950 wurde auf Initiative der USA das *Coordinting Committee on East-West Trade Policy* (Cocom) gegründet. Bereits im November 1949 hatten sich Belgien, Großbritannien, Frankreich, Italien, Luxemburg, Niederlande und die USA auf eine gemeinsame Embargoliste geeinigt, die am 1. Januar 1950 in Kraft treten sollte.

Noch im selben Jahr schlossen sich die BRD, Dänemark, Kanada, Norwegen und Portugal dem Gremium an. Später traten auch Japan, Griechenland, Türkei und Spanien der CoCom bei, so dass alle NATO-Staaten bis auf Island Mitglieder der CoCom waren. Die CoCom-Listen waren verbindlich für alle.

Es gab derer drei: *Liste I* für ein totales Exportverbot von Waffen, Munition, Atomenergietechnik, Computertechnik der neues- ten Generation, Ausrüstungen für die Entwicklung und Produktion dieser Computer); *Liste II* für Güter, deren Export quantitativ beschränkt war (Güter mit »sekundärer strategischer Bedeutung«); *Liste III* für Güter, deren Ausfuhr lediglich überwacht wurde.[16]

»Ein fairer Austausch von Waren und Ideen fand trotz der Konferenz über Sicherheit und Zusammenarbeit in Europa (KSZE) und dazu getroffenen Festlegungen in Wirklichkeit nicht statt. Die Betreiber des Wirtschaftsembargos rechtfertigten sich mit der vermeintlichen Notwendigkeit, die Verteidigungsfähigkeit der westlichen Staaten garantieren zu müssen. […] Die Lächerlichkeit dieser Behauptung wurde allein daran sichtbar, dass sogar Haushaltstechnik auf den Embargolisten stand.«[17]

Die wirtschaftliche Entwicklung der DDR wurde dadurch in hohem Maße negativ beeinflusst. Auch das Programm zur Entwicklung einer eigenen Mikroelektronik, das der DDR-Wirtschaft wesentliche Akkumulationsmittel entzog und zu stark überhöhten Produktionskosten führte, war nicht unwesentlich ein Ergebnis dieser westlichen Embargopolitik. Allein die Entwicklung der eigenen Mikroelektronik erforderte Investitionsaufwendungen von 30 Milliarden Mark, die anderweitig dringend fehlten.

»Die Embargopolitik findet in westlichen Veröffentlichungen allenfalls am Rande Erwähnung – ansonsten hüllt man sich dazu in Schweigen.«[18] Eine Quantifizierung der immensen gesamtvolkswirtschaftlichen Schäden für die DDR aus dieser Embargo- und Erpressungspolitik ist auch uns nicht möglich.

Anmerkungen

1 Klaus von Dohnanyi, Man darf sich nicht beschwindeln. In: *Neues Deutschland*, 1./2. Oktober 2005

2 Gerhard Kehrer, Industriestandort Ostdeutschland«, Offenburg 2000, S. 41f.

3 Konrad-Adenauer-Stifung. DDR – Mythos und Wirklichkeit. *http://www.kas.de/wf/de/71.6630*

4 Al Gore, Wege zum Gleichgewicht. Ein Marshallplan für die Erde, Frankfurt am Main 2007, S. 269

5 *Tagesspiegel*, 8. Mai 2005

6 Siegfried Wenzel, Was war …, a. a. O., S. 112

7 Arno Peters, in: *Neues Deutschland*, 25. Juni 1994

8 vgl. Interview mit Prof. Peters in: *Neues Deutschland*, 2./3. Dezember 1989

9 Hans Modrow, Ich wollte …, a. a. O., S. 424

10 Uwe Müller, Supergau …, a. a. O., S. 44

11 Siegfried Wenzel, Was war …, a. a. O., S. 123

12 Selbst wenn Quelle erst 2009 Insolvenz anmeldete, so besteht zwischen der Firmenpleite nach 82 Jahren und dem Ende der DDR durchaus ein kausaler Zusammenhang. Auch wenn man sich eifrig bemühte, diesen nicht sichtbar werden zu lassen. *Bild* nannte am 20. Oktober 2009 »zehn Gründe für den plötzlichen Quelle-Tod«, der allerdings keineswegs »plötzlich« kam: »Verstaubtes Image, Trend verschlafen, austauschbares Angebot, verunsicherte Kunden, Winter-Katalog, Tauziehen der Banken, keine verlässlichen Bieter, Missmanagement, politisches Gerangel, die Rolle der Gewerkschaften.« Den tatsächlichen Grund nannte *Bild* nicht: fehlende Billig-Lieferungen aus der DDR.

13 Leserbrief im *Rotfuchs* vom Januar 2005

14 Joachim Mitdank, Berlin zwischen Ost und West. Erinnerungen eines Diplomaten. Berlin 2004, S. 153f.

15 Rolf Hasse, Theorie und Politik des Embargos,Köln 1973. Hanns-Dieter Jacobsen, Die Ost-West-Wirtschaftsbeziehungen als deutsch-amerikanisches Problem. Baden-Baden 1986. Michael Zürn, Geschäft und Sicherheit, in: Tübinger Arbeitspapiere zur internationalen Friedensforschung, 9/1989

16 Quellen: Rolf Hasse, Theorie und Politik des Embargos, Köln 1973; Hanns-Dieter Jacobsen, Die Ost-West-Wirtschaftsbeziehungen als deutsch-amerikanisches Problem, Baden-Baden 1986; Michael Zürn, Geschäft und Sicherheit, in: Tübinger Arbeitspapiere zur internationalen Friedensforschung 9/1989

17 Reinhard Grimmer u. a., Die Sicherheit – zur Abwehrarbeit des MfS, Bd. 2, edition ost, Berlin 2002, S. 132

18 ebenda

III. Die Verleumdung der DDR

Die DDR wurde materiell und finanziell geplündert. Nach ihrem Ableben wird sie verunglimpft, verteufelt und verdammt. Und jene, die sich in diesem Land engagierten, werden denunziert, kriminalisiert und juristisch verfolgt. Selbst der normale Staatsbürger, gemeinhin als Mitläufer verhöhnt, erfährt Ausgrenzung. In der Regel ist der Ostdeutsche Bundesbürger zweiter Klasse.

Diese Praxis ist Reflex auf das wachsende Unvermögen der herrschenden Klasse, die Symptome der Systemkrise zu kaschieren und zu unterdrücken. Es ist nicht mehr zu verbergen, dass der Kapitalismus die Existenzprobleme der Menschheit nicht lösen kann. Im Gegenteil: Seine Art zu wirtschaften verschärft sie. Die »freie« Marktwirtschaft ist nicht die Lösung, sondern Ursache, mindestens jedoch Teil des Grundwiderspruchs der Gesellschaft und in der Welt.

Das wird immer mehr Menschen bewusst.

Unter diesen Umständen wird es immer schwerer, den Versuch einer gesellschaftlichen Alternative – den Sozialismus – als untaugliche gesellschaftliche Option zu verdammen. Er hat immerhin Jahrzehnte existiert. Er ist, was man gern glauben machen will, nicht ausschließlich an sich selbst gescheitert. Er wurde vom ersten Tag seiner Existenz massiv bekämpft. Es gab heiße und kalte Kriege, Boykott und Embargo, Sabotage und Diversion, Propaganda und psychologische Kriegführung.

Letztere wird heute gegen die Erinnerung geführt. Die herrschende Klasse will die Deutungshoheit über die Geschichte erobern. Dazu zieht sie alle Register und gibt viel Geld aus. Allein die »Stasi-Unterlagen-Behörde« (BStU) erhält von der Bundesregierung jährlich 100 Millionen Euro. Es gibt Forschungsverbünde, Stiftungen und andere Institutionen, die – gut miteinander vernetzt – sich ausschließlich mit der Diffamierung, Diskreditierung und Denunziation der sozialistischen DDR beschäftigen. Und warum? Es ist die Angst vorm eigenen Untergang!

Auf ökonomischem Gebiet sind Behauptungen von der »Pleitewirtschaft«, dem »Staatsbankrott«, der »unproduktiven Mangelwirtschaft«, dem »Versagen der sozialistischen Planwirtschaft« und andere Thesen Dauerbrenner der Verleumdungskampagnen. Sie werden in Talkshows, Interviews, Artikeln und Reden benutzt – insbesondere von Leuten, die von Ökonomie nicht die geringste Ahnung haben. Keine Parole ist platt genug, um sie nicht wiederzukäuen, weil sie der offiziellen Lesart entsprechen.

Aber: Ökonomie lebt von Fakten. Lassen wir deshalb alle Propaganda beiseite und beantworten nachfolgend die Fragen, die laut bürgerlicher Propaganda angeblich schon längst beantwortet sind.

Die DDR stand 1989 kurz vor dem wirtschaftlichen Zusammenbruch. Die Zahlungsunfähigkeit stand unmittelbar bevor. Die DDR war bankrott. Ein ökonomischer Kollaps hat die DDR erfasst, das Land stand kurz davor, unregierbar zu werden.

Das ist heute gängige Lesart von rechts bis links.[1]

Die vermeintlichen Besserwisser beziehen sie sich auf ein authentisches Material: eine »Analyse der ökonomischen Lage der DDR mit Schlussfolgerungen«, ausgearbeitet und dem Politbüro vorgelegt von Gerhard Schürer und weiteren leitenden Funktionären der DDR-Wirtschaft.

»Die Verschuldung im nichtsozialistischen Wirtschaftsgebiet ist seit dem VIII. Parteitag gegenwärtig auf eine Höhe gestiegen, die die Zahlungsfähigkeit der DDR infrage stellt«, hieß es dort. »Die Konsequenz der unmittelbar bevorstehenden Zahlungsunfähigkeit wäre ein Moratorium (Umschuldung), bei der der Internationale Währungsfonds bestimmen würde, was in der DDR zu geschehen hat. Solche Auflagen setzen Untersuchungen des IWF in den betreffenden Ländern zu Fragen der Kostenentwicklung, der Geldstabilität u. ä. voraus. Sie sind mit der Forderung auf den Verzicht des Staates, in die Wirtschaft einzugreifen, der Reprivatisierung von Unternehmen, der Einschränkung der Subventionen mit dem Ziel, sie gänzlich abzuschaffen, den Verzicht des Staates, die Importpolitik zu bestimmen, verbunden.

Es ist notwendig, alles zu tun, damit dieser Weg vermieden wird.«

Genau darum ging es!

Das »Schürer-Papier« war keine Bankrotterklärung, sondern ein leidenschaftlicher Appell der Autoren an die neue Partei- und Staatsführung – Generalseketär Egon Krenz hatte die Untersuchung in Auftrag gegeben –, Wege aus der Verschuldung zu finden.

Mit heutigem Wissen muss jedoch festgestellt werden: Das Material war weder objektiv noch subjektiv korrekt. Die Verfasser des Papiers wollten Druck auf die neue Führung in der DDR ausüben. Bekanntlich benutzte Egon Krenz dieses Material bei seinem Antrittsbesuch in Moskau am 1. November 1989.

Gorbatschow erklärte dazu: »Wir sind über eure ökonomische Lage auch durch unsere Beziehungen zur BRD informiert. […] Ich habe mich jedoch gefragt, warum wird die Sowjetunion ständig in so aufdringlicher Weise mit den Erfolgen der DDR traktiert. [...] Einmal habe ich versucht, mit Genossen Honecker über die Verschuldung der DDR zu sprechen. Er hat dies schroff zurückgewiesen. [...] Ich bin überzeugt, wenn er nicht so blind gewesen wäre, [...] dann hätte es eine andere Entwicklung geben können.«[2]

Ob das die ehrliche Meinung von Gorbatschow war, darf bezweifelt werden, zumal wir heute wissen, dass er selbst schon Jahre zuvor die DDR hatte fallen lassen.

Jedenfalls war es im November 1989 offenkundig für Rettungsversuche zu spät. Die Einverleibung der DDR durch bundesdeutsche Konzerne nahm ihren Lauf. Mit der kompletten Übertragung des kapitalistischen Gesellschaftssystems, dem Raub des Volkseigentums und der kolonialen Ausplünderung der DDR durch westdeutsche Konzerne kam es noch wesentlich schlimmer als im Schürer-Bericht prognostiziert.

Was war aber falsch am Schürer-Bericht?

Die Bezugnahme auf den VIII. Parteitag der SED 1971 suggeriert, dass die dort beschlossene Sozialpolitik die ausschließliche Ursache der fortschreitenden Verschuldung gewesen sei. Das trifft, so absolut formuliert, nicht zu. Zu Beginn der 80er Jahre war es sogar gelungen, im Zusammenhang mit der Heizölablösung im Inland und dem Export von etwa sechs Millionen Tonnen Erdölprodukten die Verschuldung im Westen spürbar zu reduzieren. Erst der Preisverfall für Erdöl in der zweiten Hälfte der 80er Jahre führte zur erneuten Zuspitzung der Zahlungsbilanz.

Im Abschlussbericht der Deutschen Bundesbank vom August 1999 wird festgestellt: »Netto, das heißt nach Abzug der Devisenreserven, erreichte die Verschuldung gegenüber den westlichen Ländern im Krisenjahr 1982 (*Erdölschock – K. B.*) mit 25,1 Mrd. VM ihren Höhepunkt. Bis 1985 ging sie auf 15,5 Mrd. DM zurück. (*Heizölexport – K. B.*)

Danach wuchs sie wieder an (*Erdölpreisverfall – K. B.*); Ende 1989 betrug die Nettoverschuldung 19,9 Mrd. VM.«[3] Das waren 40 Prozent dessen, was im Schürer-Material ausgewiesen wurde.

Die DDR-Auslandsverschuldung 1989 betrug 760 Dollar je Einwohner oder 5,7 Prozent des Bruttoinlandsproduktes.

Im Vergleich zur heutigen Auslandsverschuldung vieler Staaten, vom Schuldenweltmeister USA ganz zu schweigen, war das eine beherrschbare Größe. Dubai, aktuelles Beispiel, ein Emirat von 60 mal 60 Kilometern Fläche mit 1,7 Millionen Einwohnern, hatte bis Ende 2009 Auslandsverbindlichkeiten in Höhe von 80 Milliarden Dollar angehäuft, also mehr als 47.000 Dollar pro Einwohner.

Hat man je davon gehört, dass das Land bankrott sei und ein arabischer Nachbarstaat es per Anschluss retten wolle oder solle? Gab es Demonstrationen, wo die Araber Dubais skandierten: »Wir sind ein (arabisches) Volk!«?

Die nachträgliche Aufwertung der Staatlichen Plankommission der DDR durch die CDU als eine »Organisation, die alle Vorgänge in der staatlichen Planwirtschaft überblickte und deshalb in der Lage war, das wahre Ausmaß der Katastrophe zu enthüllen«[4], war zwar schmeichelhaft, aber falsch. Schürers Stellvertreter in der Plankommission, Siegfried Wenzel, machte deutlich, warum:

»Erstens entsprach die Darstellung der Gesetzeslage der DDR, wonach Guthaben und Devisenreserven des Bereiches Kommerzielle Koordinierung strengster Geheimhaltung unterlagen und kein Planbestandteil waren.

Zweitens verfolgten verantwortliche Funktionsträger [...] die Absicht durch zugespitzte Darstellung der Lage [...] der Führung der SED die unausweichliche Notwendigkeit der Veränderung der ökonomischen Politik drastisch deutlich zu machen.

Drittens waren die Auslandsguthaben des Bereiches Kommerzielle Koordinierung unter Leitung von A. Schalck eines der bestgehüteten Geheimnisse der DDR-Ökonomie. Diese Guthaben waren also schlichtweg nicht bekannt; auch nicht dem Vorsitzenden der Plankommission.«[5]

Egon Krenz erinnerte sich: »Ich habe damals die Sitzung des Politbüros geleitet, auf der Schürers Papier behandelt wurde. [...] Die Ansicht, die DDR könnte ›unregierbar‹ werden, hing mit der Befürchtung zusammen, der internationale Währungsfonds und die Weltbank könnten, so wie in Ungarn und Polen, auch Zugriff auf die DDR bekommen. Deren Reformanweisungen hätten dann wirklich einen außergewöhnlichen Einschnitt in den Lebensstandard der DDR-Bevölkerung bedeutet. [...] Gerade das sollte mit dem im Schürer-Papier benannten Problemlösungen verhindert werden. [...]

Die DDR hatte eine Menge ungelöster ökonomischer Probleme, das ist wohl war. Sie stand aber 1989 vor keinem ›wirtschaftlichen Zusammenbruch‹. [...] Ich empfinde es schon als kurios, dass die

CDU immer noch einem Arbeitspapier der Plankommission der DDR, deren Ziel es war, eine umfassende Wirtschaftsreform durchzuführen, mehr vertraut als der Abschlussbilanz der eigenen Bundesbank. […] Die Behauptungen der CDU werden dadurch zur Propaganda.«[6]

Eine reale Einschätzung der Verschuldung der DDR im Westen durch die Verantwortlichen damals hätte den Ostdeutschen manches erspart. Die DDR-Wirtschaft hätte nicht um jeden Preis exportieren, hochwertige Konsumgüter – Fernseher, Radios, Kühlschränke, Möbel, Teppiche, Bekleidung – an westdeutsche Handelsketten verschleudern müssen. Die Versorgung der Bevölkerung im Inland wäre dadurch spürbar zu verbessern gewesen.

Bei der Bewertung der Auslandsschulden der DDR muss auch berücksichtigt werden, dass gegenüber den sozialistischen Ländern nicht unwesentliche Guthaben bestanden.

Der Abschlussbericht der Deutschen Bundesbank weist Ende 1989 aus, dass die DDR offene Forderungen gegenüber der UdSSR in Höhe von 3,1 Milliarden VM, gegenüber den anderen RGW-Ländern über 6,1 Milliarden VM hatte.

Die Bundesregierung hielt es unter Kanzler Gerhard Schröder für angemessen, diese von DDR-Werktätigen erarbeiteten Guthaben den inzwischen ebenfalls kapitalistisch transformierten Ländern weitgehend zu erlassen.

Und da waren auch noch Aktiva der DDR in Drittstaaten, die aus offenen Lieferungen von Fabriken, Ausrüstungen und Waren resultierten …

Die These vom Staatsbankrott ist mithin nicht schlüssig. Dennoch sind die Legenden über die Gesamtverschuldung der DDR unausrottbar.

Der Historiker Prof. Arno Peters nennt eine Gesamtschuld von 25 Milliarden DM, was einer Belastung je DDR-Bürger von 1.569 DM entspricht.[7]

Der Vorsitzende der Staatlichen Plankommission der DDR, Gerhard Schürer, nannte 6.000 Mark pro Kopf.[8]

Sein Stellvertreter Siegfried Wenzel errechnete 3.625 DM.[9]

Diese Zahl scheint der Wahrheit am nächsten zu sein.

Der Planungsexperte Siegfried Wenzel macht folgende Schuldenrechnung auf, die, wie er schreibt, auf offiziellen Angaben der Bundesregierung fußt.[10]

Die Staatsverschuldung der DDR 1989

	Mrd. DM	DM/Kopf	Prozent des BIP
Netto-Auslandsschulden NSW	23,3	1.378	5,7
Staatsschulden gg. Spareinlagen der Bev.	38	2.247	9,3
Echte Schulden	**61,3**	**3.625**	**15,0**
Altschulden der Treuhandbetriebe	104	6.153	25,5
»Interne« Schulden des Staatshaushaltes	28	1.656	6,9
»Restausgleich« bei Währungsunion	26	1.538	6,4
Scheinbare Schulden	158	9.347	38,8
Gesamtschulden	**219,3**	**12.972**	**53,8**

Die »echten Schulden« der DDR betrugen also etwa 3.600 DM (= 1.800 Euro) je Staatsbürger. Das waren 15 Prozent des Bruttoinlandproduktes (BIP).

Von den Spareinlagen der Bevölkerung waren knapp 40 Prozent durch Staatsschulden in Anspruch genommen.

Weigelsche »künstliche Schulden« aus der Verschleuderung des Volksvermögens, der Währungsumstellung und interner Beziehungen innerhalb der sozialistischen Volkswirtschaft wurden von Wenzel berechtigterweise nicht einbezogen. Aber selbst unter Einschluss dieser fiktiven Rechnungsposten läge die Staatsverschuldung der DDR mit 53 Prozent des Bruttoinlandsproduktes weit unter der heute zulässigen Schuldengrenze der EU und der realen Verschuldung fast all ihrer Mitgliedsstaaten.[11]

Schuldenstandsquote (Staatl. Schulden im Verhältnis zum BIP in Prozent)

DDR (1989)	**15**
Japan (2008)	183
Italien (2008)	103
Frankreich (2008)	64
BRD (2008)	63
EU gesamt (2008)	**59**

Quelle: isw-report Nr. 76

Ein bankrotter, kollabierender Pleitestaat sieht in der Tat anders aus als die DDR im Jahre 1989. Man kann solche Staaten heute – im Gefolge der Krise, das heißt als Folge kapitalistischer Wirtschaftsweise – besichtigen. Man fahre nach Island, in die baltischen Republiken, nach Ungarn, in die Ukraine, nach Rumänien, Bulgarien, Griechenland …

Die Staatsschulden der BRD betrugen zum Zeitpunkt des Anschlusses der DDR bereits 8.100 Euro je BRD-Bürger. Sie sind heute auf über 1,6 Billionen Euro (= 19.900 Euro/Kopf) gestiegen und wachsen gegenwärtig jede Stunde um weitere 266.000 Euro. 2010 werden wir mindestens 21.000 Euro/Kopf erreicht haben.

Nach Aussagen im Deutschen Bundestag wird die Verschuldung bis 2013 um weitere 455 Milliarden Euro steigen. Das entspricht mehr als 26.000 Euro pro Kopf.

Gegenüber der DDR-Verschuldung spielt die BRD also in einer »anderen Liga«, eine Zehnerpotenz höher.

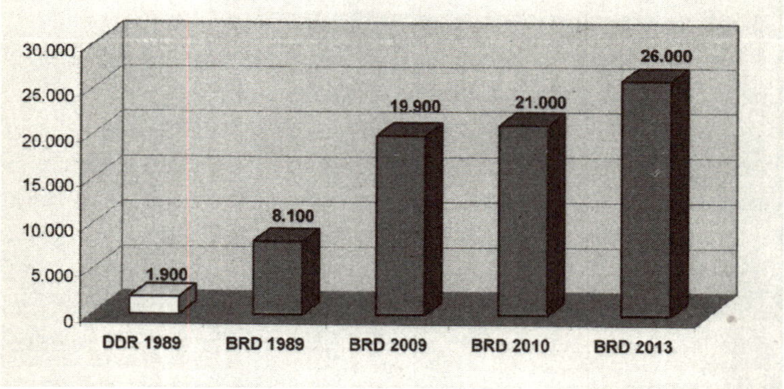

Die Staatsschulden beider deutscher Staaten je Staatsbürger, umgerechnet in Euro

Nicht die DDR lebte »über ihre Verhältnisse«. Das taten und tun unverändert die BRD und die Mehrzahl der kapitalistischen Staaten. Die Schulden der USA, entstanden durch Ausplünderung der gesamten Welt, sprengen jede Vorstellungskraft und jede ökonomisch fassbare Relation. Für die Gesamtverschuldung der USA – Haushalte, Finanzunternehmen, andere Unternehmen, Regierung – wurden Ende 2007, also vor der Krise, 47,7 Billionen Dollar = 373 Prozent des Bruttoinlandsproduktes = 158.780 Dollar/Kopf der Bevölkerung angegeben.[12]

Die Legende von der »Pleite der DDR« ist eine Verleumdung. »Pleite« ist, wer seinen Zahlungsverpflichtungen nicht mehr nachkommen kann. Die DDR hat bis zum letzten Tag ihrer Existenz alle Zahlungsverpflichtungen im Ausland und im Inland in Form von Löhnen, Renten und Stipendien erfüllt.

Die Wirtschaft der DDR wuchs auch im Endjahr ihrer Existenz noch um reale 2,3 Prozent – ein Wunschtraum der Wirtschaftspolitiker in der BRD heute.

Mit diesen Aussagen sollen die ökonomischen Probleme der DDR nicht bagatellisiert werden. Die Verschuldung im Westen bestimmte – auf Grund ihrer unrealistisch erfassten Höhe und der Probleme bei der Sicherung der Liquidität – durchaus das Wirtschaftsgeschehen in erheblichem Maße. Ökonomische Entscheidungen zur Strukturierung der Produktion und der Verteilung wurden ohne Rücksicht auf Rentabilitätskriterien dem Diktat des NSW-Exports unterworfen.

Mit einer Pleite hat das jedoch nichts zu tun.

Mit dieser Debatte soll von der finanziellen, sozialen und politischen Pleite in der heutigen Bundesrepublik abgelenkt werden. Die reale Lage will die herrschende Klasse nicht zur Kenntnis nehmen. Als ich diese Feststellung in der Tageszeitung *junge Welt* veröffentlichte[13], meldete sich der Theologe Thomas Krüger (SPD), jetzt Leiter der Bundeszentrale für politische Bildung.

»Klaus Blessing, ehemals Staatssekretär im Erzbergbauministerium (*korrekt: Ministerium für Erzbergbau, Metallurgie und Kali – K. B.*) tischt uns die These auf, dass die wirtschaftliche Lage 1989 doch nicht so schwerwiegend war, wie das ›Schürer-Papier‹ nahe legt. [...] Gipfel seiner These ist die Bemerkung, dass nicht die DDR, sondern die Bundesrepublik über ihre Verhältnisse lebt und Schulden aufhäuft. Es gehört zur grundgesetzlich geschützten Meinungsfreiheit, solchen Stuss veröffentlichen zu können. Dieser Typus von Verklärung ist nicht gefährlich, er ist nur lächerlich, eine Farce eben.[14]

Im Unterschied zu Krügers Meinung, die das *Neue Deutschland* am 2. Oktober 2008 verbreitete, blieb meine Erwiderung leider ungedruckt.

»Sehr geehrter Herr Krüger, mit Freude habe ich zur Kenntnis genommen, dass die Tageszeitung *junge Welt* zu Ihrer persönlichen politischen Lektüre gehört. Mit Dankbarkeit erfüllt mich, dass Sie im *Neuen Deutschland* auf meinen *junge-Welt*-Artikel ›War die DDR pleite?‹ reagieren und vor allem, wie Sie das tun.

Eine bessere Werbung für meine Position ist kaum denkbar.

Wenn Sie den Sachnachweisen in meinem Artikel mit Ihrem auf höchstem wissenschaftlichen, politischen und menschlichen Niveau stehenden Argumenten von ›lieb gewonnenen Ideologien der ewiggestrigen Funktionäre‹ als ›Stuss und Farce‹ begegnen, zeugt das nicht gerade von hoher Sachkenntnis. Offenkundig gehören Sie genau zu jenem Typ Politiker, bei dem, einem Pawlowschen Reflex gleich, der Begriff ›DDR‹ sofort als Synonym ›Mauertote, Stasi, Wahlfälschung und Wirtschaftskollaps‹ Reaktionen auslöst, wie man das bei Ihnen nachlesen kann. Genau diese Art von Politikern habe ich in meinem Artikel im Eingangssatz gemeint, Sie sind blindlings in die aufgestellte Falle getappt.

Was die Sache angeht, wird es wohl wenig Sinn machen, Sie darauf hinzuweisen, dass in meinem Artikel eben gerade westdeutsche Politiker zitiert wurden, um meine Aussagen zu stützen. Ich empfehle Ihnen trotzdem, den ›Bericht der Deutschen Bundesbank vom August 1999‹ zu studieren, in welchem mit Zahlen und Fakten genau das belegt ist, was ich darlege, nämlich, dass die reale Verschuldung der DDR im Jahre 1989 noch nicht einmal die Hälfte betrug von dem, was der ›Schürer-Bericht‹ nannte. Vielleicht wäre es auch nützlich, das gesamte Interview mit dem Bremer Historiker Prof. Arno Peters (abgedruckt im *ND* vom 25. Juni 1994) in Ihr persönliches Bildungsprogramm aufzunehmen.

Dort war zu lesen: ›Die DDR hatte 1989 eine Gesamtschuld von 25 Milliarden, was einer Pro-Kopf-Belastung von 1.560 DM entspricht, während jeder Bundesbürger mit einer Staatsschuld von 38.333 DM belastet war. So hat die DDR-Bevölkerung ihre Zukunft 1990 mit insgesamt etwa 588,37 Milliarden belastet, die die Bundesbürger im Vorgriff verbraucht hatten, um die wirtschaftliche Überlegenheit zu bewahren.‹

Ich kommentiere diese Aussagen nicht, ich zitiere nur. […]

Seien Sie gewiss, dass ich auch weiterhin alles in meinen bescheidenen Kräften Stehende tun werde, natürlich ohne Fördergelder und gleichgeschaltete Massenmedien, um zumindest Teile der Bevölkerung mit Tatsachen, Fakten und in verständlicher Sprache über politische Zusammenhänge aufzuklären. Dabei werde ich mich nicht übermäßig mit rückwärts gewandten Themen auseinander setzen, wie Sie und Ihresgleichen das zur Ablenkung von den gegenwärtigen Problemen gern möchten.

Die meisten Menschen interessiert nicht mehr so sehr, *ob* die DDR pleite war oder nicht, sondern vielmehr, *wie* wir aus der politischen, sozialen, finanziellen und ökologischen Pleite des gegenwärtigen Systems herauskommen.

Es wäre wünschenswert, wenn Ihre Bundeszentrale für politische Bildung und Sie persönlich dazu einen nennenswerten Beitrag leisten würden.

Mit freundlichen Grüßen

Klaus Blessing«

2. War die DDR unproduktiv[15]*?*

Im »Jahresbericht der Bundesregierung zum Stand der Deutschen Einheit 2009« ist nachzulesen: »Das Wirtschafts- und Sozialsystem der DDR war international kaum wettbewerbsfähig und konnte die Grundversorgung der Bevölkerung mittelfristig nicht mehr sicherstellen. Gemessen am realen Bruttoinlandsprodukt pro Kopf erreichte die DDR 1989 nur etwa ein Drittel des Niveaus der Bundesrepublik; die Produktivität lag 1988 bei nur etwa 20 bis 25 Prozent des westdeutschen Vergleichswertes.«[16]

Die DDR hatte im Jahre 1989 ein Bruttoinlandsprodukt je Kopf der Bevölkerung – umgerechnet auf Euro der Preisbasis 1995 – von annähernd 12.700 Euro. Im Vergleich mit anderen führenden kapitalistischen Ländern war das ein mittleres Niveau. Sie brauchte hinsichtlich der Wirtschaftsleistung pro Kopf der Bevölkerung den Vergleich mit entwickelten Ländern nicht zu scheuen.

Es gab und gibt nirgends eine Argumentation, dass das Wirtschaftssystem von Großbritannien, Italien oder Spanien wegen Unproduktivität untauglich sei. Für die DDR wird dieses Argument ständig missbraucht.

Im Jahre 1989 betrug das BIP 1989 (Angaben in Euro/Kopf)

Schweiz	34.500
Dänemark	23.800
BRD	22.500
Norwegen	22.000
Schweden	21.300
Finnland	20.900
Österreich	20.700
Japan	20.000
Belgien	19.200
Frankreich	19.100
USA	19.000
Niederlande	18.500
Kanada	18.000
Australien	16.000
Italien	14.000
Großbritannien	14.000

DDR	**12.700**
Irland	11.500
Spanien	10.900
Griechenland	8.400
Portugal	8.000

Quelle: Eurostat online für EU,
G. Heske: Zentrum für historische Sozialforschung (für BRD/DDR),
Köln 2005, Heft 17

Die DDR konnte sich ihre »Wettbewerbspartner« nicht aussuchen. Ihre Bürger verglichen sich nicht mit den Briten, Iren, Spaniern oder Griechen, sondern den Westdeutschen. Und die lebten in einem der leistungsfähigsten Industriestaaten der Welt.

Doch selbst im Vergleich mit der BRD brauchte sich die DDR nicht zu verstecken. Die Ergebnisse sprechen für sich.

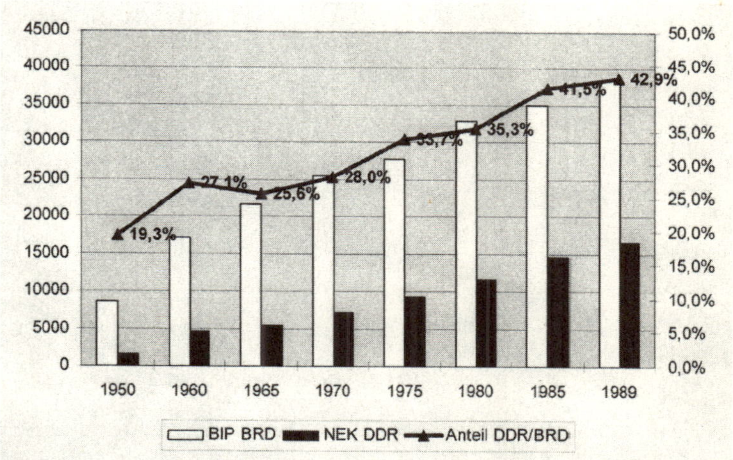

Die Entwicklung der gesellschaftlichen Arbeitsproduktivität in der DDR und in der BRD von 1950 bis 1989. Das Nationaleinkommen der DDR (NEK) pro Kopf basiert auf den Preisen von 1985 in Mark der DDR, das Bruttoinlandsprodukt (BIP) der BRD pro Kopf auf den Preisen von 1991 in DM. Die Kurve markiert das Verhältnis des DDR-Nationaleinkommens pro Kopf zum BIP der BRD. Betrug 1950 der Rückstand 80,7 Prozent, waren es 40 Jahre später nur noch 47,1 Prozent

Quellen: Statistisches Jahrbuch der BRD (1989) und der DDR (1989)

Der Wettbewerb begann mit einem Ausgangsniveau »Anteil des Nationaleinkommen DDR« an »Bruttoinlandsprodukt BRD« von knapp 20 Prozent. Beim Untergang der DDR waren durch schnelleres Wachstum über 40 Prozent Anteil erreicht worden. Das waren noch immer 60 Prozent Rückstand gegenüber der BRD.

Aber: Nationaleinkommen und Bruttoinlandsprodukt sind, wie bereits festgestellt, nur bedingt vergleichbar, es sind keine identischen ökonomischen Größen. Das BIP liegt wegen der Einbeziehung unproduktiver Werte um etwa 30 Prozent höher als das Nationaleinkommen. Wenn man dies berücksichtigt, sah der Produktivitätsrückstand 1989 so aus (Angaben in Prozent):

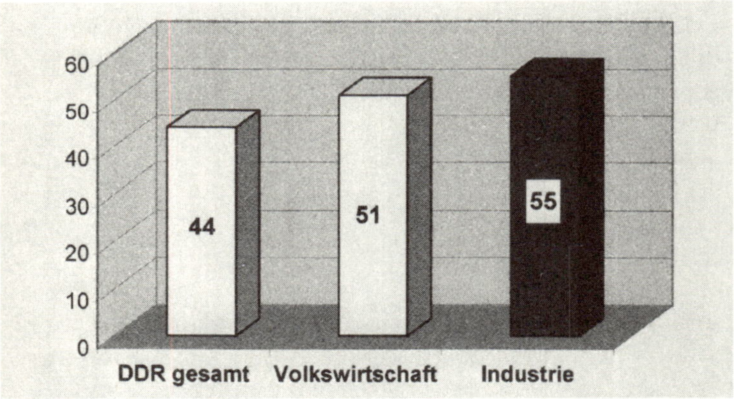

Der Produktivitätsrückstand der DDR gegenüber der BRD 1989 (in Prozent)
G. Heske: Zentrum für historische Sozialforschung (für BRD/DDR), Köln 2005, Heft 17

Dass der Rückstand in der Industrie wesentlich über dem der »DDR gesamt« liegt, ist Ausdruck des sozialistischen (= sozialen) Charakters der Gesellschaft. Die Betriebe der DDR übernahmen wesentliche soziale, kulturelle, sportliche und andere Leistungen gegenüber Mitarbeitern wie auch gegenüber der Kommune. Aufgaben also, die im auf Profitmaximierung ausgerichteten System der Konzerne nicht vorkommen. Die DDR setzte im Interesse betrieblicher Produktivitätssteigerung auch keine Arbeitslosen frei, die sich dann von Almosen der Gesellschaft ernähren lassen mussten.

Die Wirtschaft und die Produktivität haben sich seit Gründung in der DDR wesentlich schneller entwickelt als in der BRD. Der

Rückstand gegenüber der BRD konnte stetig verringert werden. Gegenüber 1950 wuchs das produzierte Nationaleinkommen pro Kopf der Bevölkerung auf annähernd das Zehnfache, das Bruttoinlandsprodukt der BRD lediglich auf knapp das Fünffache.

Ein Einholen oder gar »Überholen ohne einzuholen« auf ökonomischem Gebiet war jedoch unrealistisch. Dafür waren die extrem schwierige Ausgangslage der DDR-Wirtschaft und die ungleichen Wettbewerbsbedingungen ebenso maßgebend wie Mängel und Fehler in der Wirtschaftspolitik der sozialistischen Staaten im allgemeinen und der DDR im Besonderen.

Die Potenzen der sozialistischen Staaten für eine tatsächliche Spezialisierung und Koordinierung der Produktion wurden bei weitem nicht ausgeschöpft. Die überzentralisierte Planung und Bilanzierung, die wirtschaftspolitische Alleinherrschaft der Parteiführung, die Reglementierung der Initiativen der betrieblichen Leiter und Kollektive sowie die ungenügende Wirksamkeit ökonomischer Hebel bei Überbetonung der »Tonnenideologie« waren der Steigerung der Produktivität nicht förderlich.

In der praktischen Durchführung der Wirtschaftspolitik erfolgte eine zu einseitige und dogmatische Umsetzung der sozialen Ziele, ohne immer die ausreichenden ökonomischen Bedingungen dafür zu haben. Diese Entwicklung ging zu Lasten der Erneuerung und Modernisierung der Produktion und führte zu einem hohen und steigenden Verschleißgrad der Ausrüstungen ebenso wie zum Verfall großer Teile der Infrastruktur.

3. Ist das Wirtschaftssystem der DDR gescheitert?

Aus dem 2009 von der Bundesregierung vorgelegten Bericht »Zum Stand der Deutschen Einheit« hieß es dazu: »Im Umbruch 1989 wurde auch offensichtlich, dass nicht nur das politische System, sondern auch der 40-jährige Versuch eines zentralistisch geplanten Wirtschaftssystems gescheitert war.«

Im Beschluss des CDU-Parteitages zu Ostdeutschland vom Dezember 2008 klang es noch drastischer: »Die sozialistische Planwirtschaft als Wirtschaftsform verursachte trotz der Anstrengungen der Menschen in der DDR den wirtschaftlichen Bankrott, für den die Führung der SED verantwortlich ist.«

Klaus von Dohnanyi behauptete gar: »Die DDR hätte eben diese idiotische Politik, die sie zwischen 1949 und 1989 betrieben hat, nicht machen dürfen. Sie hat das Land ruiniert.«[16]

Mit dieser These tingelte er anlässlich des 20. Jahrestages des »Mauerfalls« durch viele Talkshows.

Was war an der Politik der DDR idiotisch?

Eine eigene Schwerindustrie zu entwickeln, nachdem von den Westmächten und der westdeutschen Großbourgeoisie Deutschland gespalten worden war und kein Stahl mehr aus dem Ruhrgebiet in den Osten kam?

War es »idiotisch«, selbst zu produzieren, was der DDR durch Embargo und Boykott vorenthalten wurde?

Idiotisch, nach Alternativen zu suchen, nachdem die DDR mit Bonner Alleinvertretungsanmaßung gemäß Hallstein-Doktrin und mittels CoCom-Liste von der internationalen Arbeitsteilung ausgeschlossen worden war?

Was ist heute zur Wirtschaftsordnung der DDR aus linker Sicht zu sagen? Die Fragestellung beinhaltet zwei Aspekte.

Erstens geht es um die vernünftige Beurteilung von Plan- und Marktwirtschaft.[17]

Zweitens um die Prüfung, ob die DDR und damit das sozialistische Lager letztlich ökonomisch gescheitert sind.

Aus meiner Sicht bestand der Hauptmangel des sozialistischen Wirtschaftssystems nicht darin, *dass* geplant wurde. Im Gegenteil: Die Notwendigkeit zu mehr Planung und staatlicher Leitung der Wirtschaft wird durch die Exzesse einer sich verselbständigenden Marktwirtschaft immer zwingender. Das Problem war nicht der Plan, sondern die »materielle Zuteilungswirtschaft« unter weitgehendem Ausschluss von Effektivitätskriterien.

Es ist unstreitig, dass mit einer derartigen Planwirtschaft kein moderner Industriestaat geleitet und gestaltet werden kann.

Sind Plan- und Marktwirtschaft aber so unvereinbar, wie sich das auf den ersten und auch zweiten Blick darstellt?

Ist das sozialistische Anliegen – annähernd gleichen materiellen und kulturellen Wohlstand für alle zu erreichen – auch mit marktwirtschaftlichen Prinzipien vereinbar? Wenn ja: unter welchen Bedingungen? Wenn nein: warum nicht?

Es bietet sich als bisheriges Resümee unserer ökonomischen

Analyse durchaus ein Wirtschaftssystem an, das auf einem hohen Anteil gesellschaftlichen Eigentums beruht, dadurch in die Lage versetzt wird, makroökonomische Planungen durch einen starken Staat durchzusetzen und das Soziale in den Mittelpunkt zu stellen.

Wird eine wirtschaftspolitische Lenkung durch einen starken Staat zum Nutzen der Menschen wirksam mit marktwirtschaftlichen Prinzipien verbunden, würde eine *Neue Soziale Marktwirtschaft* entstehen, die der Mehrheit der Menschen dient und diesen Namen verdient hat.

Folglich: Marktwirtschaft als Methode effektiven, Gewinn orientierten Wirtschaftens – ja. Marktwirtschaft als privatkapitalistisches Gesellschaftssystem – nein.

Die eigentliche Problematik liegt aber tiefer. Leider liegt auch zwanzig Jahre nach der Niederlage des Sozialismus noch keine schlüssige Analyse linker Kräfte über deren Ursachen vor. Ich halte eine solche Aussage für zwingend erforderlich, wenn wir Menschen für einen erneuerten Sozialismus mobilisieren wollen.

Eine wesentliche Fragestellung ist dabei, ob nicht letztlich der Rückstand in der Arbeitsproduktivität und dadurch der Bedürfnisbefriedigung die Hauptursache unserer Niederlage war. Nicht nur in Kreisen der Wissenschaftler, sondern auch beim »einfachen Volk« hat sich mehr oder weniger folgende Argumentation festgesetzt: Die entscheidenden Probleme des realen Sozialismus waren letztlich auf den erheblichen Produktivitätsrückstand gegenüber entwickelten kapitalistischen Industrieländern zurückzuführen. Hätten wir die theoretisch von Lenin begründete Überlegenheit – dass die höhere Arbeitsproduktivität über Sieg oder Niederlage der neuen Gesellschaftsordnung entscheide – und von der praktischen Politik immer wieder geforderte Entwicklung – Ulbricht: überholen ohne einzuholen – durchgesetzt, hätten wir ein besseres sozialistisches Gesellschaftsmodell kreieren können.

Wer im Lebensstandard besser als der Westen ist, braucht weder Abwanderung zu fürchten noch persönliche Freiheiten einzuschränken. Der Weg zur kommunistischen klassenlosen Gesellschaft, wo jeder nach seinen Bedürfnissen leben solle, wäre damit eröffnet worden.

Mehr oder weniger waren wir alle, die wirtschaftliche und politische Verantwortung trugen, in dieses Denkschema eingebettet und handelten entsprechend mit Hingabe.

Aus heutiger Sicht halte ich diese Denk- und Handlungsweise für falsch, weil sie unrealistisch war. Es war ein Wunschdenken, das weitgehend von den realen Bedingungen abstrahiert hat. Wenn etwas unrealistisch ist, dann ist es auch nicht richtig. Nicht zuletzt haben Marx und Engels immer darauf verwiesen, dass eine Gesellschaftstheorie nur dann richtig sein kann, wenn sie sich auch in der Praxis bewährt. Unsere Sozialismustheorie hat den Praxistest nicht bestanden. Die verantwortlichen Politiker waren nicht bereit und wohl auch nicht in der Lage, die Sozialismustheorie und -praxis den Veränderungen in der Welt anzupassen.

Aus heutiger Sicht war sogar der Ansatz falsch. Das Ziel sozialistischer Entwicklung kann nicht mehr sein, dass jeder in einer fernen kommunistischen Zukunft »nach seinen Bedürfnissen« lebt. Eine solche gesellschaftspolitische Vision vermochte im 19. Jahrhundert politisch zu mobilisieren. Im 20. Jahrhundert, im Industriezeitalter, war dieses Heilsversprechen auf eine unbestimmte Zukunft bereits obsolet. Im 21. Jahrhundert ist sie falsch.

Für knapp eine Milliarde Menschen, die im 19. Jahrhundert den Planeten bevölkerten, wäre ein solches Ziel umsetzbar gewesen. Für heute sieben Milliarden Menschen und in wenigen Jahrzehnten vielleicht zehn Milliarden ist eine solche Zielvorstellung nicht nur Utopie, sondern verheerend für die Weiterexistenz der Menschheit auf einem vernünftigen Lebensniveau. Das geben die Ressourcen der Erde objektiv nicht her.

Aufgabe einer sozialistischen Gesellschaft kann nicht im Kopieren eines von kapitalistischer Profitgier diktiertem Konsumstreben bestehen, sondern in der Durchsetzung anderer, eben sozialistischer Menschheitsideale: Frieden, soziale Sicherheit, nationale und internationale Solidarität, Gesundheitsfürsorge, Umweltverträglichkeit, Arbeit, Bildung, Kultur und vieles andere mehr, was sich diametral vom real existierenden Kapitalismus unterscheidet.

Lateinamerikanische linke, um Sozialismus ringende Politiker haben recht, wenn sie erklären: »Der vielleicht größte Fehler des traditionellen Sozialismus bestand darin, das kapitalistische Entwicklungskonzept nicht in Frage zu stellen – man wollte dasselbe nur schneller und gerechter. Unser Konzept ist das gute Leben, das Leben in Einklang mit der Natur, in Würde, mit Gleichheit.«[18]

Auch der politische Gegner hat nicht Unrecht, wenn er feststellt: »Obwohl der Kommunismus zum Teil daran scheiterte, dass er die politische Freiheit erstickte und die Bürger entmündigte, war sein parallel laufender Angriff auf die wirtschaftliche Freiheit sein eigentliches Verderben.«[19]

Den ökonomischen Wettlauf mit den entwickelten kapitalistischen Industrieländern konnte das sozialistische Lager nicht gewinnen. In allen Ländern, die den Weg zum Sozialismus beschritten, lag das Ausgangsniveau der Produktivität weit unter dem der führenden Industrieländer. Dabei war die DDR noch an vorderster Stelle. Die Potenzen des Kapitalismus zur weiteren Steigerung der Produktivität sind erheblich größer als die des Sozialismus. Die Ausbeutung und Ausplünderung der ganzen Welt erschließt Reserven, die den sozialistischen Ländern, die internationale Solidarität nicht nur proklamieren, sondern realisieren, verschlossen blieben. Die rigorose, menschenverachtende Intensivierung und Rationalisierung der betrieblichen Wirtschaftsprozesse widerspricht dem Sinn sozialistischer Arbeitspolitik. Rückstand in der Arbeitsproduktivität ist kein Makel sozialistischen Wirtschaftens.

Während im linken Spektrum der Meinungsbildung nach wie vor der Glaube daran überwiegt und teilweise sogar genüsslich ausgeschlachtet wird, dass der sozialistische Ansatz letztlich am Rückstand in der Arbeitsproduktivität gescheitert sei, gibt es auch andere Stimmen. Prof. Harry Nick meinte etwa: »In der hemmungslosen Entwicklung der Produktivkräfte kennt die Geschichte offenbar keine leistungsfähigere Gesellschaft als den Kapitalismus. […]

Gegen die aus dem Zusammenwirken von brutaler Konkurrenz und unersättlicher Profitgier erwachsenden sozialen Antriebe ist kein sozialistisches Kraut gewachsen – solange die Mehrung des materiellen Reichtums die fundamentale Orientierung für Produktion und Konsumtion sind. […]

Ob […] eine konsequente Orientierung der Gesellschaftspolitik auf humanistische, ideelle Werte, geringere Anstrengungen um Wirtschaftswachstum und Hebung des materiellen Lebensniveaus, die zweifellos eigentlich sozialistischen Ideale, die Unterschiede zur dominanten Lebensweise in den kapitalistischen Ländern deutlich gemacht hätten, den sozialistischen Gesellschaften auf jeden Fall den Vorwurf des bloßen Hinterherlaufens in den vom Kapitalismus gelegten Spuren erspart hätten – ob all diese diesem Aufbruch zu einer sozialistischen Gesellschaft zum Erfolg verholfen hätte, ist wohl zu bezweifeln. Aber sich in dieser Richtung kaum bewegt zu haben, muss man als Vorwurf gelten lassen.«[20]

Auch der Ex-Banker Edgar Most nährt diese Auffassung, wenn er erklärt: »Im Prinzip haben wir den Kapitalismus ja nur nachgemacht.«[21]

Es ist an der Zeit, prinzipielle Schlüsse zu ziehen. Die weitere globale Steigerung der Arbeitsproduktivität ist nicht das vorrangige Gebot des Wirtschaftens im 21. Jahrhunderts. Die Welt quillt über vor ungenutztem und ausgestoßenem Arbeitsvermögen. Weltweit suchen annähernd eine Milliarde Menschen einen Arbeitsplatz. Die ökonomischen Anforderungen der Neuzeit lauten: Effizienz verbessern, Ressourcen einsparen, Umwelt schonen, Reichtum gleichmäßiger verteilen, lebenswerte Bedingungen und soziale Gerechtigkeit für alle Menschen herstellen.

Einige dieser Ziele hat der Sozialismus im Ansatz durchaus erreicht, andere nicht. Er ist m. E. nicht am zweifelsfrei vorhandenen ökonomischen Rückstand gegenüber den führenden kapitalistischen Industrienationen gescheitert.

Er ist gescheitert, weil er unrealistische ökonomische Ziele gestellt hat. Er ist gescheitert, weil eine arrogante, über allem schwebende Führungselite das Volk nicht nur ungenügend über die wahre Lage informiert, sondern vor allem das Volk unzureichend in die gesellschaftlichen Entscheidungsprozesse einbezogen hat. Er ist gescheitert, weil er die Vorzüge des Sozialismus zu Lasten eines unrealistischen ökonomischen Wettbewerbes unterschätzt und unzureichend in das Bewusstsein der Menschen getragen hat.

Summa summarum: Er ist an den Demokratiedefiziten und nicht am ökonomischen Rückstand gescheitert.

Die Menschen, die im Herbst 1989 auf die Straße gingen, haben nicht skandiert »Wir wollen mehr Konsum!«, sondern »Wir sind das Volk!«

Es ist vermutlich auch keine offene Frage, wie sich die Mehrheit der Ostdeutschen entscheiden würde, stünden sie vor der Wahl zwischen der heute herrschenden, extremen kapitalistischen Ausbeutungswirtschaft oder einer Gesellschaft, die ihnen eine gesicherte Existenz, Wohlbefinden und Perspektive böte.

Ein weltweit unerschöpfliches Überangebot an arbeitsfähigen Menschen bei gleichzeitiger unendlicher Verschwendung natürlicher Ressourcen lässt die Steigerung der Ressourceneffektivität bei einem gleichzeitig vernünftigen Konsumverhalten weit vor der Steigerung der Arbeitsproduktivität rangieren. Nur wenn ein erneuerter Sozialismus von diesen Maximen ausgeht, wird er eine Chance haben.

Damit mir niemand unrealistische Positionen vorwirft: Natürlich kann nach wie vor nur verteilt werden, was vorher produziert wurde. Und natürlich ist die Steigerung der Produktion und Produktivität für Entwicklungsländer die Voraussetzung, um soziale Wohltaten verteilen zu können. Aber eben in den Entwicklungsländern und auch dort nicht mit dem Ziel, die Industriestaaten einholen oder gar überholen zu wollen. Und unter der Maßgabe, dass jeder wirtschaftliche Fortschritt der Allgemeinheit zugute kommt.

Für die kapitalistischen Industriestaaten ergibt sich jedoch eine völlig andere Vision. Das Produktivitätsniveau reicht bei weitem aus, um alle Mitglieder der Gesellschaft angemessen zu versorgen und den Entwicklungsländern noch genügend abzugeben.

Alle Menschen der Welt könnten ausreichend ernährt werden. Jeder könnte tagtäglich 2.800 Kalorien zu sich nehmen, wesentlich mehr als erforderlich sind. (Laut UNO genügen 2.300 Kalorien)

Aber dennoch hungern über eine Milliarde Menschen.

Die durchschnittliche Weltwirtschaftsleistung beträgt ca. 9.000 US-Dollar je Kopf und Jahr.

Das entspricht dem Niveau solcher Länder wie Thailand, Mazedonien oder Bosnien. Kein Leben in Luxus, aber ausreichend, um zu existieren und nicht zu hungern.

In der BRD sind es 45.000 US-Dollar, in den USA 47.000 Dollar, in Norwegen 76.000, in der DR Kongo 140, in Mosambik 300 Dollar … Eine gerechtere nationale und internationale Verteilung und Teilhabe aller am gesellschaftlichen Reichtum ist das A und O, die Aufgabe der Zeit.

Das zu erreichen ist ohne Vergesellschaftung der Produktionsmittel nicht möglich.

Damit wären wir wieder bei Marx.

Anmerkungen

1 Vgl.: Geteilt. Vereint. Gemeinsam. Perspektiven für den Osten Deutschlands – Beschluss des CDU-Parteitages vom 1./2. Dezember 2008 in Stuttgart, These 5. Und: Der Herbst 1989 in Sachsen – Wir sind das Volk. Thesen des Landesvorstandes Sachsen der Partei DIE LINKE für die Konferenz am 28. März 2009, These 11: »Der ökonomische Kollaps des Ostblocks ging von der

UdSSR aus. [...] Auch die DDR war von dieser Entwicklung betroffen. [...] Ein Interesse an der ökonomischen Stabilisierung der DDR bestand seitens der Bundesrepublik in der Endphase nicht mehr. Trotz der außerordentlich schwierigen Bedingungen aufgrund des permanenten Mangels in der DDR-Volkswirtschaft leisteten die Menschen in der DDR [...] Beachtliches.« Solche und ähnliche Thesen fußen auf dem sogenannten Schürer-Papier, einer Analyse einer Arbeitsgruppe um den Chef der Staatlichen Plankommission vom Oktober 1989. Das Papier spitzte die benannten Probleme zweckdienlich zu, um die DDR-Führung zu entschlossenem Handeln zu bewegen. Schürer kam darin zu dem Schluss, dass der wirtschaftliche Rückstand in der DDR im Vergleich zur BRD uneinholbar geworden geworden wäre. Auf Grund der dramatischen Verschuldung im »kapitalistischen Ausland« müsse 1990 mit der Zahlungsunfähigkeit der DDR gerechnet werden, die nur noch mit drastischen Maßnahmen wie einer Senkung des Lebensstandards um 25 bis 30 Prozent abzuwenden sei. Dies würde jedoch, so der nüchterne Bericht, das »Land faktisch unregierbar« machen.

2 Egon Krenz, Herbst 89. edition ost, Berlin 2009

3 Deutsche Bundesbank, Abschlussbericht »Die Zukunftsbilanz der ehemaligen DDR 1975 bis 1989«, Frankfurt am Main, August 1999

4 Beschluss des CDU-Parteitages in Stuttgart am 1./2. Dezember 2008 »Geteilt. Vereint. Gemeinsam. Perspektiven für den Osten Deutschlands«, These 5

5 Siegfried Wenzel, Was war die DDR wert? Das Neue Berlin, 2000, S. 26

6 Egon Krenz, Wer fälscht Geschichte? In: *junge Welt*, 18. September 2008

7 Neues Deutschland, 25. Juni 1994

8 Gerhard Schürer, Gewagt und verloren, Berlin 1996, S. 253

9 Siegfried Wenzel, Was war ..., a. a. O., S. 30

10 ebenda S. 28ff.

11 Die Aussage beruht auf Berechnungen des Bruttoinlandsproduktes der DDR für die Jahre 1970 bis 1989 des Zentrum für Historische Sozialforschung Köln, Heft Nr.17/2005

12 *isw-Report* Nr. 76 , München 2009

13 Klaus Blessing, War die DDR pleite? In: *junge Welt*, 15. September 2008

14 Thomas Krüger, Vom Pathos nicht viel geblieben, in: *Neues Deutschland*, 2. Oktober 2008

15 Unter Produktivität wird der Nutzeffekt der lebendigen Arbeit verstanden, also wie viele Produkte und Leistungen je Zeiteinheit hergestellt werden. Gesamtvolkswirtschaftlich messbar sind diese Leistungen nur durch Wertkennziffern. In der kapitalistischen Wirtschaft ist diese Meßgröße das »Bruttoinlandsprodukt« (BIP) als Wertausdruck aller Produkte und Dienstleistungen (abzüglich der Vorstufen). Diese Größe bezieht in hohem Maße auch unproduktive Leistungen aus dem gesellschaftlichen Umverteilungsprozess in die Wertschöpfung mit ein (Beratertätigkeiten, Finanzdienstleistungen, Rechtsunwesen u. ä.) In der sozialistischen Wirtschaft umfasste

das produzierte Nationaleinkommen (NE) die produktiven Leistungen der Volkswirtschaft, das war die entscheidende Messgröße. Dadurch liegt das Nationaleinkommen unter dem Bruttoinlandsprodukt. Die Differenz liegt bei etwa 30 Prozent. Vergleiche in der gesamtgesellschaftlichen Produktivität zwischen sozialistischen und kapitalistischen Volkswirtschaften sind deshalb problematisch. Die zweite Schwierigkeit resultiert aus der Bezugsgröße. Im allgemeinen wird unter Arbeitsproduktivität die wirtschaftliche Leistung je Erwerbstätiger verstanden. Gerade unter den Bedingungen der kapitalistischen Wirtschaftsführung (hohe betriebliche Rationalisierung, verbunden mit einer immer höher werdenden Arbeitslosigkeit) ist diese Bezugsgröße trügerisch. Bei voller Automatisierung wäre theoretisch eine unendliche betriebliche Produktivität bei vollständiger Arbeitslosigkeit denkbar. Die Hauptproduktivkraft Mensch wird brach gelegt. Die Effekte betrieblicher Rationalisierung werden auf die Gesellschaft abgewälzt. Ein Ausweis der Arbeitsproduktivität als Wirtschaftsleistung je Einwohner vermeidet diese Verzerrung. Ich verwende diese als treffendere Aussage.

16 Klaus von Dohnanyi, Man darf sich nicht beschwindeln. In: *Neues Deutschland*, 1. Oktober 2005

17 vgl. dazu Klaus Blessing, Ist sozialistischer Kapitalismus möglich?, edition ost, 2003, S. 70ff.

18 Raffael Correa, Präsident Ecuadors, in: Was ist Sozialismus? In: *kontrovers* 1/2008

19 Al Gore, Wege zum Gleichgewicht, Frankfurt am Main 2007, S. 182

20 Harry Nick, Warum die DDR wirtschaftlich gescheitert ist? – Hefte zur DDR-Geschichte 21, Berlin 1994, S. 46

22 Edgar Most, Der Ruf nach Revolution, in: *Der Tagesspiegel*, 8. November 2009

IV. Bilanzen der Plünderung

Nach dem neuesten Stand der ökonomischen Forschung ist es möglich und dringend notwendig, dem gesamten professionellen und hoch dotierten Verleumdungsapparat mit eindeutigen und unwiderlegbaren Fakten zu begegnen. Das bezieht sich auf die Fragen: Wer schuldet wem was? Wo stand die DDR ökonomisch? Wo steht der Osten Deutschlands heute? Welche Perspektive hat Ostdeutschland?

1. Die Schuldenbilanz der BRD

Im Ergebnis unserer Analyse kommen wir zu beeindruckenden Gesamtaussagen. Danach hat sich bis zum Jahre 2000 ein Schuldenberg des Westens gegenüber dem Osten Deutschlands von mehr als sieben Billionen D-Mark angehäuft.[1]

Bis zum Anschluss 1949-1990	**Verluste Ost**	**Gewinne West**	**Summe**
Reparationsleistungen	1300		1300
Marshallplan		280	280
Abwanderung/Abwerbung	660	1020	1680
Innerdeutscher Handel	110		110
Nach dem Anschluss 1991-2000			
Raub des Volksvermögens	1900		1900
Zusätzliches. Wirtschaftswachstum		1850	1850
Gesamtauswirkungen 1949-2000	**3970**	**3150**	**7120**

Gesamtschulden in Millionen D-Mark

Dem Wesen nach sind das sowohl »Schulden« im eigentlichen Sinne durch nicht anteilig gezahlte Reparationsleistungen und geraubtes Eigentum, als auch dem Osten zugefügte wirtschaftliche Verluste oder vom Westen ausgenutzte Vorteile.

Unsere Berechnungen weisen Lücken auf. Diese führen dazu, dass die Schulden zu niedrig ausgewiesen werden. Wir konnten nur die direkten Auswirkungen annähernd quantifizieren. Folgewirkungen, insbesondere auf die strukturelle Entwicklung der Wirtschaft der DDR durch die Auswirkungen des Wirtschaftsembargos, der Währungsmanipulationen und vieles andere konnten nicht erfasst werden. Unsere Untersuchung schließt aus Gründen der Datenerhebung mit dem Jahre 2000 ab. Seitdem sind weitere neun Jahre vergangen, in denen die Schulden allein aus Gründen der Preisentwicklung und Verzinsung weiter angewachsen sind. Auch der Exodus der ostdeutschen Bevölkerung hält an …

Uns geht es um die Dimension der Aussage.

Eine Zahl von 7 Billionen DM (die real über 10 Billionen DM betragen dürfte) ist schwer vorstellbar. Um die Größenordnung zu verdeutlichen, stellen wir sie in den Rahmen der gesamtwirtschaftlichen Entwicklung beider deutscher Staaten.

Zwischen 1946 und 1989 liegen 44 Jahre. Mindestens zwölf davon haben die Menschen in Ostdeutschland für den Westen Deutschlands gearbeitet. Sie haben dem Westen ein Leistungsvolumen »geschenkt«, das zwei bis drei Jahren Wirtschaftsleistung West entspricht.

Um diese Schulden abzutragen, müsste der Westen in den Osten 150 Jahre lang die realen Transferleistungen, welche mit maximal 25 bis 30 Milliarden Euro pro Jahr zu beziffern sind, aufrechterhalten.

Diese volkswirtschaftlichen Gesamtaussagen sind um einen weiteren Aspekt zu ergänzen. »Hinzuzurechnen sind […] auch die rund 60 Milliarden Mark an persönlichem Sparvermögen der Bürgerinnen und Bürger der DDR, die mit der Einführung der Währungsunion und dem Umtauschkurs von 2 Mark zu einer DM gestrichen wurden. Noch am 29. Januar 1990 hatte das Bundesfinanzministerium in einem internen Grundsatzpapier festgestellt, dass die Kaufkraftrelation zwischen der Mark der DDR und der DM 1 zu 1,07 betrug. Doch statt eines so überaus berechtigten Umtauschkurses von 1 zu 1 wurde für große Teile der Spareinlagen ein Betrugskurs von 2 zu 1 sanktioniert.«[2]

Deshalb wurde im Staatsvertrag über die Wirtschafts-, Währungs- und Sozialunion vom 18. Mai 1990 in Art. 10 (6) vereinbart: »Nach einer Bestandsaufnahme des volkseigenen Vermögens […] wird die DDR nach Möglichkeit vorsehen, dass den Sparern zu einem späteren Zeitpunkt für den bei der Umstellung 2:1 reduzierten Betrag ein verbrieftes Anteilsanrecht am volkseigenen Vermögen eingeräumt werden kann.«

Dieser Rechtsanspruch ist in den Einigungsvertrag Artikel 25 (6) wie folgt übernommen worden: »Nach Maßgabe des Artikels 10 Absatz 6 des Vertrages vom 18. Mai 1990 sind Möglichkeiten vorzusehen, dass den Sparern zu einem späteren Zeitpunkt für den bei der Umstellung 2:1 reduzierten Betrag ein verbrieftes Anteilsrecht am volkseigenen Vermögen eingeräumt werden kann.«[3]

Die Bundesrepublik Deutschland als Rechtsnachfolger hat demzufolge nicht nur die moralische, sondern auch die juristische Pflicht, diesen gesetzlichen Vereinbarungen nachzukommen. Eine Verfassungsklage wäre angebracht.

Selbstverständlich ist es unsinnig und unrealistisch, einen Schadenersatz über eine Summe von über sieben Billionen DM oder fast vier Billionen Euro einzufordern.

Gerechtfertigt aber wäre eine Entschädigung für jeden Bürger, der am 2. Oktober 1990 seinen Wohnsitz auf dem Gebiet der DDR hatte, in Höhe von 20.000 Euro.

Das entspricht bei annähernd 16 Millionen Einwohnern einer Summe von 320 Milliarden Euro. Diese Ausgleichsforderung sind weniger als zehn Prozent des von uns quantifizierten Schadens.

Sie ist annähernd identisch mit dem der Treuhand übergebenen Wirtschaftsvermögen der DDR, welches von dieser an überwiegend westdeutsche Unternehmer verschenkt und bezuschusst wurde.

Die Summe ist wesentlich geringer als das gesamte an westdeutsche Unternehmen übertragene DDR-Eigentum, das einem Wert von annähernd 1.400 Milliarden DM entsprach. Aus diesem würde sich eine Entschädigung von fast 50.000 Euro für jeden DDR-Bürger ableiten.

Auch die von Politikern, Juristen und Wissenschaftlern der BRD anerkannte Ausgleichspflicht für die einseitig vom Osten gezahlten Reparationen würden unter heutigen Preis- und Zinsbedingungen eine Entschädigung Ostdeutschlands in einer Größenordnung von 1.300 Milliarden DM begründen.

Die politisch herrschende Klasse sieht das natürlich anders.

Entschädigungen sind für sie tabu. Statt dessen wird von den Ostdeutschen Dankbarkeit für die »solidarische Hilfe« des Westens verlangt. Der Begriff »Transferleistungen« wird politisch missbraucht. Die Menschen in West und Ost sollen durch die Politik und durch die Lobby der Nutznießer der Transferleistungen in »bedauernswerte« Geber (West) und in »undankbare« bzw. »zu anspruchsvolle« Nehmer (Ost) gespalten werden. Insbesondere finden »die wiederholten Vorstöße von CSU-Politikern in dieser Frage bei einem Großteil der Westdeutschen, die es leid sind, endlos Milliarden für den Osten zu zahlen, offene Ohren, während sie von den Ostdeutschen, die statt einer Kürzung die Fortführung oder gar Aufstockung der Transfers verlangen, als Zumutung empfunden werden.«[3]

Mit den Billionen Transferleistungen wird seit Jahren politische Stimmung gemacht. Es wird der Eindruck erweckt, dass es sich bei dieser gewaltigen Summe um »Entwicklungshilfe« des Westens gegenüber dem Osten handele.

2004 erschien *Der Spiegel* im Heft 15 mit dem reißerischen Titel: »1.250 Milliarden Euro – wofür? Wie aus dem Aufbau Ost der Absturz West wurde.«

Der SPD-Rechte Dohnanyi hetzte 2007: »Wenn ein Land 1,4 Billionen Euro aus dem Westen in den Osten transferiert, um dort ein verrottetes System in Ordnung zu bringen, muss das jemand bezahlen. [...] Diese Mittel sind aus dem Westen abgezogen worden.«[4]

Das ist eine bewusste Irreführung.

»Die inhaltliche Bestimmung dessen, was Transfers eigentlich sind, ufert derart aus, dass schließlich alle horizontalen und vertikalen Finanzbeziehungen – von der Berlinhilfe des Bundes bis zum Sold für Zivildienstleistende, sofern sie den Osten betreffen – unter den Begriff der West-Ost-Transfers subsumiert werden.«[5]

Die Struktur der Transferleistungen zeigt, dass mit 50 Prozent der Hauptteil aus Sozialleistungen für die neuen Bundesländer besteht (Renten, Arbeitslosengeld, Sozialhilfe).

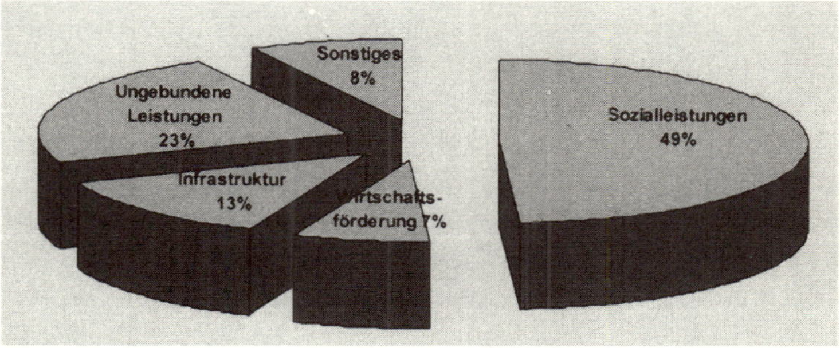

Struktur der Transferleistungen von 1993 bis 2004 (in Prozent)

Beim »schlechtesten Willen« ist es unmöglich, diese zum West-Ost-Transfer zu zählen. Es gehört schon Infamie dazu, den Osten Deutschlands erst seines Eigentums und seiner Industrie zu berauben, Millionen Menschen dadurch in die Arbeitslosigkeit oder in den Westen zu treiben und dann die zum Ausgleich notwendigen sozialen Hilfen als »Geschenk des Westens« zu deklarieren.

Es ist Unterschlagung, wenn sich westdeutsche Finanzorgane die Versicherungen der Ostdeutschen aneignen und danach den Ostdeutschen die ihnen zustehenden Bezüge als Hilfe des Westens für den Osten bezeichnen.

Es gehört eine Portion Unverfrorenheit dazu, die »Buschzulagen« für Beamte, Ausgaben für Verteidigung, Bundeswehr und Grenzschutz, den Ausbau Berlins zur Hauptstadt, die sich hinter »Sonstigem« verstecken, dem Osten anzulasten. Es ist unsinnig, den Ausbau der Verkehrsverbindungen, insbesondere zwischen der Hauptstadt Berlin und den Bundesländern, sowie den Ausbau der Transitwege als »Aufbau Ost« zu deklarieren.

Die meisten Transferleistungen sind im Grundgesetz verankert. Sogar der »Sachverständigenrat« musste 1992 darauf hinweisen, dass es sich bei dem weitaus größten Teil der Transferleistungen um allgemeine Leistungen handelt, die als einigungsbedingte Ausgaben lediglich die Vergrößerung des Bundesgebietes widerspiegeln, weil nun der Bund seine gesetzlichen Aufgaben auch in den neuen Bundesländern erfüllen muss.

Der Berliner *Tagesspiegel* stellte fest: »Die Schätzungen über die Gesamttransfers seit der Wende von West nach Ost reichen von 1,1 Billionen bis 1,5 Billionen Euro. Diese Zahlen sind zu hoch, weil darin Geldströme in die Sozialkassen berücksichtigt sind. Denn die Menschen im Osten sind häufiger arbeitslos oder krank, und der Anteil der Rentner ist höher. Zugleich gibt es weniger Jobs als im Westen.«[6]

Bestenfalls können die 20 Prozent für »Infrastruktur« und »Wirtschaftsförderung« als »Aufbau Ost« bezeichnet werden. Aber auch dafür gilt, dass ein Großteil der Transferzahlungen direkt in westdeutschen Taschen landet oder als Konsum-Nachfrage an Westunternehmen zurückfließt. Das DIW bemerkte dazu 1992: »Von 100 Millionen DM, die in den neuen Bundesländern für Ausrüstungen und Anlagen ausgegeben werden, landeten fast 78 Prozent in den alten Ländern und im westlichen Ausland. Von 100 DM, die im Osten für Konsumartikel ausgegeben wurden, blieben genau 30,50 DM dort, der Rest floss ab an westdeutsche Produzenten, Handelsketten, Automobil- und Warenhauskonzerne.«[7] Expertenschätzungen zufolge machte dieser Gewinn schon bis 1999 etwa 500 Milliarden Euro aus.[8]

Fazit: Selbst bei großzügiger Betrachtung betragen die realen Transferleistungen von West nach Ost jährlich *weniger* als 25 Milliarden Euro. Die BRD-Regierung räumte im Jahresbericht zur Deutschen Einheit 2006 ein: »Seit 1990 wurden 250 Milliarden Euro direkte Aufbauhilfe organisiert.«[11]

Der Finanzwissenschaftler Ulrich Busch resümierte als Ergebnis von zehn Jahren Vereinigungspolitik: »Die laufenden Transferzahlungen, die bisher uneingeschränkt als Leistung des Westens für den Osten galten, wenn auch verfassungsmäßig verbürgt und gesetzlich geregelt, erscheinen jetzt, in bestimmtem Umfang, als Folgeleistungen. Das heißt, sie sind im Maße eines zuvor stattgefundenen Vermögenstransfers von Ost nach West quasi vorfinanziert worden. Die im Zuge der Privatisierung des ehemaligen DDR-Volksvermögens stattgefundene Umschichtung von Ost nach West stellt für die Bevölkerung Ostdeutschlands […] zwangsläufig eine Form der Enteignung dar. Umgekehrt bedeutete die Privatisierung für die westdeutschen Unternehmen und privaten Haushalte […] eine An- und Übereignung von Vermögenswerten. […]

So erscheint das Ganze als ein gigantischer Umverteilungsvorgang öffentlichen Vermögens zugunsten Privater, aber auf Kosten der Öffentlichkeit. Damit ordnen sich die Privatisierung des ostdeutschen Volks- und Staatsvermögens, der darin implizierte Vermögenstransfer und die laufenden Transferleistungen für Ostdeutschland gleichermaßen in das aktuelle Konzept neoliberaler Wirtschafts- und Gesellschaftsstrategie ein.«[9]

2. Die Abschlussbilanz der DDR – eine Bankrotterklärung?

Die DDR-Wirtschaft wuchs schneller als die der BRD. In den 40 Jahren ihrer Existenz war es der DDR mit planwirtschaftlichen Methoden trotz gezielter Störmaßnahmen und Ausplünderung durch die BRD gelungen, eine ökonomisch schnellere und stabilere Entwicklung durchzusetzen.

Die Ergebnisse sind eindeutig. Von 1950 bis 1989 stieg das produzierte Nationaleinkommen der DDR auf das Neunfache, das

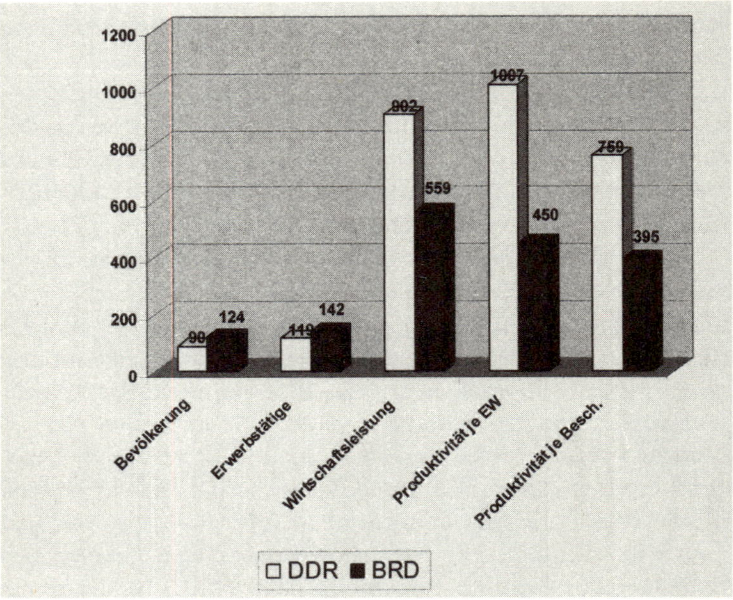

Die wirtschaftliche Entwicklung beider deutscher Staaten von 1950 bis 1989 in Prozent (Steigerung gegenüber 1950)

Statistisches Jahrbuch der DDR 1990 und der BRD 1998

Bruttoinlandsprodukt der BRD auf das 5,5-fache. Dieses Ergebnis wurde erreicht, *obwohl* die Bevölkerung in der DDR, vorrangig durch Abwerbung und Abwanderung qualifizierter Kräfte in der Zeit der offenen Grenzen, gesunken, in der BRD durch Zuwanderung wesentlich gestiegen war.

Die DDR mobilisierte das vorhandene Arbeitsvermögen weit stärker als die BRD und konnte dadurch ein Absinken der Beschäftigung vermeiden. Das Ergebnis war 1989 ein mit 52 Prozent wesentlich höherer Beschäftigungsgrad als in der BRD (knapp 45 %).

Die Produktivitätssteigerung je Einwohner betrug in der DDR mehr als das Zehnfache, in der BRD annähernd das Fünffache.

Um der zu erwartenden plumpen Agitation, dass Statistiken der DDR natürlich alle gefälscht seien, von vornherein den Wind aus den Segeln zu nehmen, verweise ich auf zweierlei.

Zum einen: Die Statistischen Werte der DDR sind dem »Statistischen Jahrbuch 1990« entnommen. Es ist die letzte und von Günter Mittags Einfluss unabhängige Gesamtstatistik über die Entwicklung der DDR, quasi der unbestechliche »Nachlass« des Leiters der Statistik der DDR, Prof. Arno Donda.

Im Vorwort schreibt er: »Während in der Vergangenheit der Einfluss der Agitation nicht zu übersehen war, stehen mit diesem Jahrbuch Informationen über die ökonomische, ökologische, kulturelle, soziale und demografische Entwicklung der DDR zur Verfügung, für die ein starkes öffentliches Interesse zu erwarten ist.«[10]

Zum zweiten: Das vom westdeutschen Zentrum für historische Sozialforschung Köln erarbeitete statistische Material kommt für den Zeitraum 1970 bis 1989 auch zu keinen anderen Aussagen. Selbst in den viel kritisierten letzten zwanzig Jahren hat sich die DDR gesamtwirtschaftlich schneller und stabiler entwickelt als die BRD.

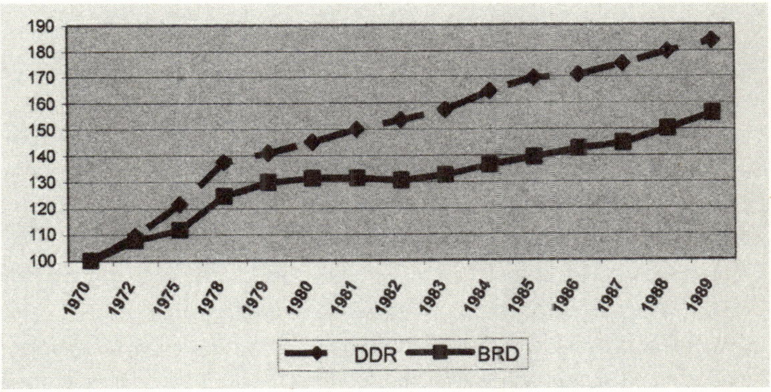

Steigerung des BIP in der DDR und BRD(1970 = 100 %)

G. Heske: Zentrum für historische Sozialforschung (für BRD/DDR), Köln 2005, Heft 17

Aber das Grundproblem der DDR-Wirtschaft, wie das der anderen sozialistischen Länder auch und noch stärker, waren die Ausgangsbedingungen. Als der Wettlauf der Systeme auf deutschem Boden begann, hatte die DDR einen Produktivitätsrückstand je Einwohner von annähernd 75 Prozent.

Als der Wettlauf endete, waren es noch 45 Prozent. Das ist erheblich und schränkte die Möglichkeiten der Verteilung wesentlich ein. Insgesamt war der »Kuchen« in der BRD allein im Zeitraum 1970 bis 1989 um 19 Billionen Euro größer. Je Kopf der Bevölkerung konnten 170.000 Euro mehr konsumiert oder akkumuliert werden.

Nun sind volkswirtschaftliche Zuwachsraten und Kennziffern für den Bürger noch keine Aussage über seinen Lebensstandard. In den führenden kapitalistischen Industriestaaten – vorrangig in den USA, Großbritannien, BRD – ist es dies immer weniger, je ungleicher die ökonomischen Errungenschaften verteilt werden. Für die BRD ist typisch, dass die Ungleichheit immer mehr zunimmt.

Die Einkommensunterschiede nehmen nach Angaben der OECD in Deutschland schneller zu als im OECD-Mittel.

In den 20 OECD-Ländern, deren Daten verfügbar sind, haben sich nur in den Transformationsländern Ungarn, Polen sowie in Südkorea und Neuseeland die Löhne noch stärker auseinander entwickelt.

Ungleiche Verteilung in der DDR wird ja selbst der eingefleischteste DDR-Verleugner nicht unterstellen. Im Gegenteil, uns wird Gleichmacherei vorgeworfen.

Wir sind mit anderen Verleumdungen auf wirtschaftlichem Gebiet konfrontiert. »Die Bevölkerung der DDR ist durch den Sozialismus und die Misswirtschaft des SED-Regimes um die Früchte ihres Fleißes betrogen worden.«[11] Sie gipfelt in der Feststellung: »Das Wirtschafts- und Sozialsystem konnte die Grundversorgung der Bevölkerung mittelfristig nicht mehr sicherstellen.«[12]

Natürlich messen sich in den engstirnigen Hirnen der Apologeten des Kapitals »Früchte des Fleißes« nur in Form materieller und finanzieller Güter. Wie sollte es auch anders sein? Die Gier nach Besitz und der Konsumrausch bestimmen dieses Gesellschaftssystem. Die Jagd nach »immer mehr« und »noch mehr« dominiert das Leben, und so soll es überall auf der Welt zugehen. Wer gezwungen wird, nach maximalen Konsum zu streben und Kulturbarbarei über sich ergehen lässt, denkt nicht – schon gar nicht nach über den Sinn des Daseins. Ideologen kann man nicht mit philosophischen Floskeln kommen. Lassen wir auch hier die Fakten sprechen.

Ausdruck der »Früchte des Fleißes« ist zunächst, wie viel der Bürger von der wirtschaftlichen Entwicklung in seiner Tasche spürt. Im Jahre 1989 erhielten die DDR-Bürger 64,3 Prozent des Nationaleinkommens als Nettogeldeinnahmen, die Bundesbürger in

Form von Nettolöhnen und Sozialleistungen 56,5 Prozent. Vorangegangen war seit 1975 eine Steigerung der realen, um die Inflation bereinigten Nettolöhne je Beschäftigten in der DDR um 22 Prozent, in der BRD um 7,2 Prozent.[13]

Im Lohnniveau erreichte die DDR die BRD dadurch bei weitem noch nicht. Es erreichte die Hälfte des BRD-Niveaus.

Diese Aussage erhält sofort einen anderen Wert, wenn die Struktur der Verwendung und die Inflation einbezogen werden. Der Bundesbürger musste von seinem Netto über 50 Prozent für Mieten, Energie und Transport ausgeben, der DDR-Bürger ganze fünf Prozent.

Die Inflationsrate betrug in den 80er Jahren in der DDR 1,3 Prozent pro Jahr, in der BRD 2,5 Prozent.

Das heißt, dass die verfügbaren Mittel für den Lebensunterhalt (ohne Miete, Energie, Transport) annähernd gleich waren.

Nettolohn je Bürger im Jahre 1989

	DDR in Mark	BRD in DM
Nettolohn nominell	1136	2219
dav. für Miete, Energie, Verkehr	63	934
dav. Preisinflation seit 1980	12,30 %	25,40 %
Verbleibender Nettolohn	**955**	**1025**

Die »verbleibenden« Nettolöhne konnten für den Konsum von Nahrungsmitteln, Bekleidung, Haushaltsgeräten, Kultur und Freizeit verwendet werden. Dabei ist gut zu wissen, wie diese Preise in der DDR gestaltet waren.

Das Brötchen kostete 5 Pfennig, das Kilo Brot 50 Pfennig, die Fernbahn fuhr für 8 Pfennig je km, die S-Bahn quer durch Ost-Berlin für 20 Pfennig. Bis auf wenige Ausnahmen lagen die Lebensmittelpreise deutlich unter dem BRD-Niveau. Die Tarife waren extrem niedrig.

Dieses niedrige und beim Grundbedarf stabile Preisniveau war für die Bevölkerung die »zweiten Lohntüte«. Sie entsprach einer Höhe von 460 Mark monatlich je Beschäftigten.

»Es ist hervorzuheben, dass gerade die stabilen und auch sehr niedrigen – weil gestützten – Preise für Grundnahrungsmittel, Kindersortimente, Dienstleistungen und insbesondere die stabilen niedrigen Mieten ein Faktor von nicht zu unterschätzender sozialer

Sicherheit und damit politischer Wirksamkeit waren. […] Da in der DDR »Wohnen« keine zu veräußernde Ware war und als ein unveräußerliches Menschenrecht angesehen wurde, hatten die Stützungen

		DDR	BRD	DDR zu BRD
		Mark	DM	%
Kartoffeln	10 kg	2,3	10,64	21,6
Roggenbrot	kg	0,52	2,89	18,0
Zucker	kg	1,55	1,91	81,2
Schweinekotelett	kg	8	11,19	71,5
Rinderschmorfleisch	kg	9,8	17,68	55,4
Frischmilch 3,5%	Liter	0,68	1,25	54,4
Käse Edamer	kg	7,2	12,43	57,9
Butter	250g	2,4	2,18	110,1
Margarine	500g	1	1,7	58,8
Eier	10 Stück	3,4	2,57	132,3
Flaschenbier	0,5 l	0,73	0,96	76,0
Bohnenkaffee gem.	500g	35	8,97	390,2
Weinbrand	0,7 l	14,5	14,56	99,6

Nahrungsmittel Preisvergleich DDR – BRD 1989

Gebühren und Tarife DDR 1989

Verkehr		
Eisenbahn 2. Klasse	je km	0,08
S-Bahn Berlin		0,2
Strassenbahn		0,2
Post		
Briefsendung Ortsverkehr		0,1
Briefsendung Fernverkehr		0,2
Paket bis 5kg bis 100 km		0,6
Energie		
Strom	je Kwh	0,08
Stadtgas	je m³	0,16

Gebühren und Tarife DDR 1989

Statistisches Jahrbuch der DDR 1990

der Mieten nach wie vor ihren sozialen Charakter behalten.«[14] Für die Volkswirtschaft wurde die Aufrechterhaltung dieses Niveaus zunehmend schwieriger, führte es doch zu Verschwendung bei Nahrungsmitteln und Energie sowie zur Unterbelegung von Wohnraum.

Vom Staat wurden immense Mittel bereitgestellt, um diese Preise zu stützen. Im Jahre 1989 wurden dafür 51 Milliarden Mark, das waren 11,5 Prozent des Staatshaushaltes, eingesetzt. Maßnahmen zur Veränderung dieser Situation waren unter Honecker nicht durchsetzbar, er wollte Stabilität für die Bevölkerung um jeden Preis.

Auf einem anderen Blatt standen das DDR-Preisniveau und dessen Stabilität sowie die Qualität für Industriewaren. Deren Preise lagen wesentlich über BRD-Niveau, das technische Niveau darunter und die Stabilität war nicht immer gewährleistet. Mit unterschiedlichem Namen versehen, wurden offene und schleichende Preiserhöhungen durchgesetzt. Unter Namen wie »Neue Erzeugnisse«, »Höhere Gebrauchswerte«, »Einführungspreise«, »Gestattungsproduktion« verbargen sich häufig Preiserhöhungen, die mit dem Inhalt nichts zu tun hatten. Das erregte zunehmend den Ärger der Bevölkerung, ganz zu schweigen von den Warenpreisen in »Delikat«- und »Exquisit«-Läden.

Insgesamt ergab sich daraus in den 80er Jahren eine Erhöhung der Lebenshaltungskosten, klarer »Inflationsrate in der DDR«, von 12,3 Prozent. In der BRD wurden im gleichen Zeitraum auf diese Weise 25,4 Prozent erreicht.

»Es muss deshalb immer wieder betont und hervorgehoben werden, dass eine der größten Leistungen der DDR auf sozialem und politischem Gebiet darin bestand, unter den bekannten schwierigen ökonomischen Bedingungen annähernd zwei Drittel des gesamten Umsatzes des Handels über Jahrzehnte hinweg zu unveränderten Preisen anzubieten. […] Eine von niemandem zu bestreitende Tatsache ist, dass z. B. die Grundnahrungsmittel und Wohnungsmieten über Jahrzehnte hinweg absolut stabil geblieben sind.

Dabei waren erhebliche Unterschiede in den einzelnen Warengruppen vorhanden.«[15]

Die größte Instabilität bestand bei technischen Konsumgütern. Trotz steigender und gegenüber Westniveau wesentlich überhöhter Preise war der Ausstattungsgrad der Haushalte mit technischen Konsumgütern jedoch auf einem ansprechenden Niveau.

Pro-Kopf-Kennziffern zeigen die Auswirkungen der wirtschaftlichen Bedingungen auf das Versorgungsniveau und das soziale

Umfeld. Die Versorgung der DDR-Bevölkerung mit Nahrungsmitteln war quantitativ Weltspitze und der Gesundheit wenig zuträglich. Mit einer Kalorienzufuhr von 3.800 Kalorien je Einwohner und Tag lag die DDR vor der BRD (3.476) und anderen Industrieländern.

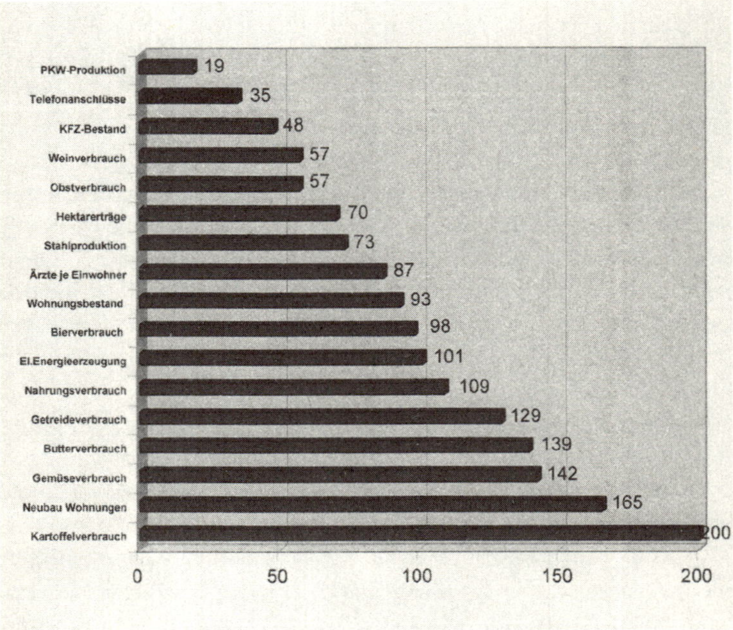

Die DDR im Verhältnis zur BRD 1989 (Pro-Kopf-Kennziffern), Angaben in Prozent

Statistisches Jahrbuch der DDR 1990; Heske, Köln

Zu behaupten, die DDR konnte die Grundversorgung nicht mehr sichern, wie es im Jahresbericht Deutsche Einheit 2009 der Bundesregierung hieß, gehört ins Witzblatt. »In der DDR gab es doch sicherlich auch keine Butter«, fragen mich Jugendliche in Diskussionen. Das zeigt, welche Wirkung die systematische Volksverdummung schon erzielt hat.

Strukturell gab es in der Lebensmittelversorgung wegen fehlender Devisen durchaus Probleme: zu wenig Obst und Wein, aber mehr als genügend Kartoffeln, Gemüse, Butter, Fleisch, Bier und Schnaps.

	DDR		BRD*
	1970	**1989**	**1988**
PKW	15,6	57,1	97,2
Kühlschränke	56,4	167,4	105,9
Gefrierschränke	0,5	49,5	77,1
Waschmaschinen	53,6	110,2	99
Rundfunkempfänger	137	253	141,2
Fernsehempfänger	73,6	129,3	97,7
Farbfernsehempfänger	0,2	58,2	94,1
Geschirrspülmaschine		nicht vorhanden	53,2
Videorecorder		nicht vorhanden	44

Ausstattungsgrad mit technischen Konsumgütern je 100 Haushalte

* Vier-Personen-Haushalt von Arbeiter/Angestellten mit mitlerem Einkommen

Die großen Anstrengungen im Wohnungsbau waren ebenso sichtbar wie die Tatsache, dass sich der Wohnungsbestand westdeutschem Niveau näherte.

Die Hauptprobleme der Konsumtion: Mangel an PKW, Telefonanschlüssen, hochwertigen Konsumgütern, insbesondere an Unterhaltungselektronik.

3. Die Anschlussbilanz der DDR – ein Fiasko!

Nach Auffassung der Bundesregierung und der führenden Partei CDU ist beim Aufbau Ost alles auf dem richtigen Wege.

»Das Zusammenwachsen zwischen Ost und West gehört nach wie vor zu den wichtigsten politischen Zielen der Bundesregierung. Bei der Angleichung der Lebensverhältnisse wurden in den letzten 15 Jahren große Fortschritte erzielt. Bei den Konsumgewohnheiten, der Wohnungssituation oder der Gesundheitsversorgung gibt es heute kaum noch Unterschiede zwischen Ost und West.«[16]

»Die neuen Bundesländer haben sich im vergangenen Jahr hervorragend entwickelt. Der wirtschaftliche Aufschwung ist in vollem Umfang in Ostdeutschland angekommen. Damit schließt sich die Schere zwischen Ost und West weiter und der Aufschwungprozess gewinnt 17 Jahre nach der deutschen Einheit wieder an Fahrt. Dies bietet die Gelegenheit, in den kommenden Jahren die nach wie vor bestehenden strukturellen Nachteile abzubauen und bis 2019 eine selbst tragende wirtschaftliche Entwicklung zu erreichen.«[17]

»Die Westdeutschen haben wiederum beispiellose Solidarität gezeigt. Diese Unterstützung hat mit dazu geführt, dass Ostdeutschland zwanzig Jahre nach der friedlichen Revolution sehr gut aufgestellt ist.«[18]

»Beim Aufbau der neuen Länder wurde Großartiges geleistet. Die bisherige Bilanz ist reich an Erfolgsgeschichten. Die Deutschen haben Grund zu Dankbarkeit und Freude. Seit 1990 haben sich die neuen Länder grundlegend verändert. Das war möglich, weil die Menschen im Westen zu nationaler Solidarität bereit waren. Das war möglich, weil die unionsgeführte Bundesregierung in den entscheidenden Jahren nach der Wiedervereinigung die richtigen Weichenstellungen vornahm. Das war möglich durch die Transferleistungen von vielen hundert Milliarden Euro, die einen einmaligen Wiederaufbau bewirkten.«[19]

Unsere aus dem Osten stammende Kanzlerin Angela Merkel zieht aus dieser Schönfärberei die Schlussfolgerung: »Wenn wir in der Bundesrepublik finanzielle Anreize zur Förderung von Investitionen in den Blick nehmen, wird es eine Rolle spielen, dass der Westen seit der Wiedervereinigung relativ hinter dem Osten zurückstehen musste. Der Westen ist jetzt verstärkt am Zuge.«[20] Bahn frei für den bayerischen CSU-Minister Ramsauer, der nun ein Aufbauprogramm West auflegen will. Lassen wir auch hier wieder die Tatsachen sprechen.

Zunächst muss der Berechnungstrick aller offiziellen Berichterstattungen zu Ostdeutschland entlarvt werden. Ostdeutschland als DDR gibt es für die Verschleierungskünstler als Vergleichsmaßstab nicht. Alle amtlichen Aussagen beziehen sich auf ein Gebilde Ostdeutschland des Jahres 1991. Jeder weiß aber, dass in den Jahren 1989/90 das Niederfahren der DDR-Wirtschaft zu großen Teilen abgeschlossen war. Durch das Wüten der westdeutschen Heuschrecken waren Wirtschaft, Industrie und Beschäftigung bereits weitgehend heruntergefahren, teilweise unter 50 Prozent des DDR-Niveaus. Darauf lässt sich kräftig »aufbauen«.

Vergleicht man die Entwicklungen, zeigt sich Erstaunliches, aber nicht Unerwartetes. Sämtliche schöngefärbten Zuwachsraten brechen in Größenordnungen zusammen, wenn man sie nicht auf »Abbruch Ost 1991«, sondern »DDR-Niveau 1989« bezieht.

Statt 260 Prozent Steigerung der Bruttoproduktion sind es nur noch 150 Prozent. Schaut man sich die Struktur dieser Entwicklung näher an, wird das Dilemma Ostdeutschlands noch deutlicher.

Die Realität heißt »Abbruch Ost«. Als die DDR im Jahre 1989 unterging, war sie trotz aller ökonomischen und politischen Probleme eine Industrienation mit Vollbeschäftigung und weitgehend gesicherter Sozialsysteme.

2007 ist Ostdeutschland geprägt durch Bevölkerungsschwund und Abwanderung, trotzdem hoher Arbeitslosigkeit und weltweit niedrigster Geburtenrate.

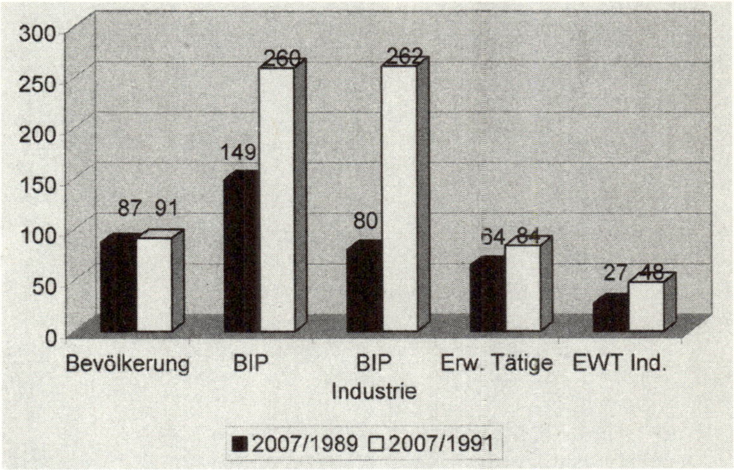

Entwicklung 2007 gegenüber 1989 oder 1991 in Prozent

Busch, Kühn, Steinitz: Entwicklung und Schrumpfung in Ostdeutschland, Hamburg 2009

Die Beschäftigungssituation ist gekennzeichnet von extremer Deindustrialisierung. Dafür sind »Dienstleister«, insbesondere in der öffentlichen Bürokratie, wie Pilze aus der Erde geschossen. Sie überziehen den Bürger, insbesondere den aus dem Arbeitsprozess ausgestoßenen, mit unendlich demütigenden Prozeduren.

Die Industrieproduktion des Ostens liegt auch heute noch 20 Prozent unter DDR-Niveau.

Der Leistungszuwachs Ost ist fast ausschließlich auf »Finanz- und Unternehmensdienstleistungen« zurückzuführen, die Steigerung beträgt über 500 Prozent. Das hat aber weder etwas mit wirtschaftlicher Entwicklung noch mit Aufbau Ost zu tun. Das ist Ausbeutung Ost. Westdeutsche Heuschreckenschwärme, seit dem Beitritt Opfer suchend, sind ausgeschwärmt, um den Menschen das Geld aus der Tasche zu ziehen, es »gewinnbringend« – für die Finanzkonzerne – in dunkle Kanäle zu leiten, aus denen es dezimiert oder überhaupt nicht wieder zum Vorschein kommt. Es sind die Firmenberater und -abwickler, die das DDR-Volksvermögen an westdeutsche Konzerne transferiert haben.

		1989	2007	2007/89 %
Bevölkerung	Tsd. Pers.	15155	13188	**87**
Abwanderer Ost nach West	Tsd. Pers. kum.	388	3970	
Zuwanderer West nach Ost	Tsd. Pers. kum.	5	2260	
Erwerbstätige	Tsd. Pers. kum.	8890	5724	**64**
dar. Produzierendes Gewerbe	Tsd. Pers. kum.	3576	963	**27**
dar. Finanz- u. Untern. Dienstleistungen	Tsd. Pers. kum.	177	867	**490**
dar. Öffentl. u. Private Dienstleistungen	Tsd. Pers. kum.	2137	1914	**90**
Bruttoinlandsprodukt	Mrd. € Pb95	187,1	278,4	**149**
dar. Produzierendes Gewerbe	Mrd. € Pb95	71,7	57,2	**80**
dar. Finanz- u. Untern. Dienstleistungen	Mrd. € Pb95	12	62,9	**524**
dar. Öffentl. U. Private Dienstleistungen	Mrd. € Pb95	51,9	67,7	**130**
BIP ohne Finanz- u. Untern. Dienstleistg.	Mrd. € Pb95	175,1	215,5	**123**

Ostdeutschland im Jahre 2007 im Vergleich zu 1989 (Angaben ohne Berlin)

Busch, Kühn, Steinitz: Entwicklung und Schrumpfung in Ostdeutschland, Hamburg 2009

Natürlich haben diese Tätigkeiten in einer soliden Volkswirtschaft nichts mit Wirtschaftswachstum zu tun. Das ist keine wirtschaftliche Wertschöpfung, sondern Vergeudung wirtschaftlicher Ergebnisse. Ohne diese Pseudo-Wertschöpfung beträgt das Wirtschaftswachstum in 20 Jahren »Aufbau Ost« ganze 123 Prozent, das sind 1,2 Prozent je Jahr.

Selbst bei Berücksichtigung dieser Angaben gibt es keine Angleichung Ost an West. Bei allen wichtigen ökonomischen Kategorien verschlechterte sich der Anteil Ost an West gegenüber 1989.

Die Bevölkerung und die Erwerbstätigkeit sinken rapide, selbst das geschönte Bruttoinlandsprodukt liegt mit 13,5 Prozent Anteil unter DDR-Ausgangsniveau. Die Anfang der 90er Jahre mit teils unsinniger, aber staatlich geförderter Bauproduktion erzielten hohen Zuwachsraten sind deutlich zurückgegangen und bewegen sich in der Höhe um die der westdeutschen Länder. Von einem Aufholprozess oder gar selbst tragendem Aufschwung ist nichts zu spüren.

In Anbetracht dieser Lage verbreiten Wirtschaftsinstitute politisch gezielten Unsinn. Pünktlich vor den Schauveranstaltungen zum 20. Jahrestag des »Mauerfalls« gab das Institut der Deutschen Wirtschaft Köln (IW) durch seinen Leiter Michael Hüther bekannt: »Bis zum Auslaufen des Solidarpaktes II im Jahre 2019 hätten die ostdeutschen Bundesländer das Niveau schwächerer westdeutscher Länder wie Schleswig-Holstein und Rheinland-Pfalz erreicht. Der Pakt müsse deshalb nicht verlängert werden, eine Sonderfinanzierung für Ostdeutschland sei bald nicht mehr nötig. Auch der Solidaritätszuschlag gehöre demnächst abgeschafft.«[21]

Nachdem das ifo-institut München unter Leitung von Prof. Sinn schon vor Jahren »berechnet« hatte, dass Ostdeutschland in 55 Jahren im Pro-Kopf-Einkommen 90 Prozent des Westniveaus erreichen werde, kommen neueste »wissenschaftliche« Erkenntnisse zu der Aussage, dass dies »nur« noch 20 Jahre dauere.

Alles fromme Wünsche. Oder bewusste Irreführung.

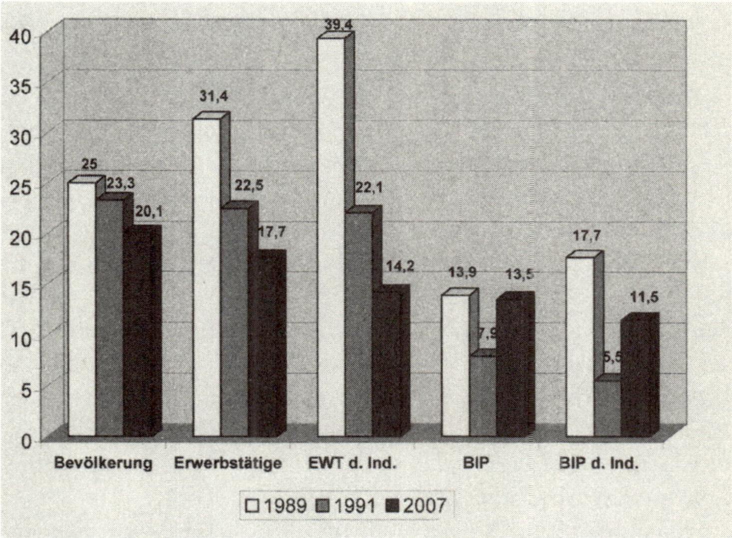

Anteil Ost an West in verschiedenen Bereichen (in Prozent)

Busch, Kühn, Steinitz ... Hamburg 2009

Der Angleichungsprozess im Bereich von Konsumtion ist – wie bei der Akkumulation und Produktion – seit Mitte der 90er Jahre nicht nur zum Stehen gekommen. Die Schere geht seither wieder auseinander. Es gibt keinen Aufholprozess mehr, sondern einen Abkopplungsprozess.

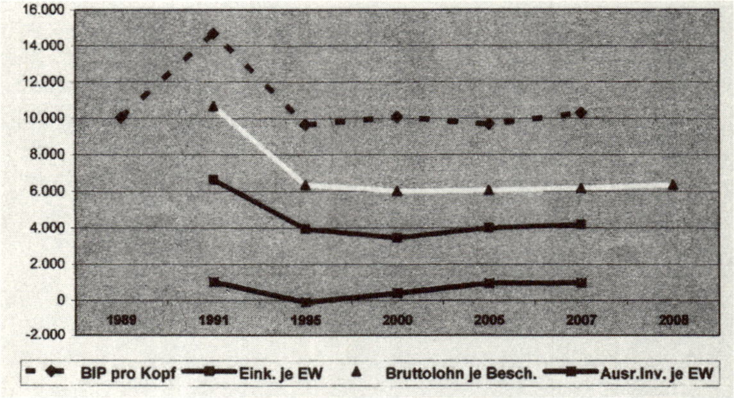

Abstand Ost gegenüber West in Produktion, Konsumtion und Akkumulation in Euro pro Kopf

Busch, Kühn, Steinitz: Entwicklung und Schrumpfung in Ostdeutschland, Hamburg 2009

Bei der Konsumtion haben wir annähernd 75 Prozent West erreicht. Preise, Mieten und Tarife sind in einigen ostdeutschen Regionen »dank« verfehlter und privatisierter Infrastruktur dagegen bereits deutsche Spitze. Die Mieten sind in Rostock höher als in Dortmund und Nürnberg. Die Strom-, Gas- und Wassergebühren sind in ostdeutschen Großstädten, vor allem in Leipzig, deutlich höher als in Westdeutschland. Bei der Akkumulation stagnieren wir bei 55 Prozent des Westniveaus. Die Meinung von Kanzlerin Merkel über zu hohe Investitionen Ost wird damit konterkariert.

Im Ergebnis von 20 Jahren »Aufbau Ost« ist in Ostdeutschland ein Gebilde entstanden, das aus eigener Kraft nicht mehr überlebensfähig ist. Die Konzentration der in Deutschland zunehmenden Armut erfolgt in Ostdeutschland.

Es gibt politische Aussagen, die diesen Zustand als »am Ziel vorbei« bezeichnen. Es gibt Bücher darüber von hoch dotierten Autoren.[22] Sie wollen uns weismachen, dass »der Westen« ja durchaus lautere Absichten beim Aufbau Ost verfolgte, aber vieles sei eben nicht gelungen, zumal die Hinterlassenschaft der DDR zu marode war.

Warum sollten das westdeutsche Kapital und die ihm hörige Politik den Osten aufbauen wollen?

Sie hatten vier Ziele:

Den Ostdeutschen das Eigentum rauben, östliche Kunden aneignen und Märkte erschließen, ostdeutsche Konkurrenz ausschalten und gut ausgebildete Arbeitskräfte abwerben.

Alle Ziele wurden glänzend erreicht.

Ein Treffer »mitten ins Schwarze«, aber kein »Aufbau Ost«.

4. Die Zukunftsbilanz Ost – ein Horrorszenario

Prognoseberechnungen zur Zukunft Ostdeutschlands liegen vor. Sie »kommen zu dem Ergebnis, dass die neuen Bundesländer auch in Zukunft mit weiteren erheblichen Bevölkerungsabnahmen rechnen müssen. [...] Blickt man auf das Ausmaß des Bevölkerungsrückganges, so verlieren die neuen Bundesländer bis 2050 fast 25 Prozent ihrer Bevölkerung, die alten Bundesländer dagegen nur knapp 6 Prozent. Noch wesentlich massiver schlägt der Rückgang des Erwerbspersonenpotenzials zu. Die neuen Bundesländer verlieren zwischen 2002 und 2050 über 55 Prozent ihrer Erwerbspersonen.«[23]

Die Prognosen bis 2020 oder bis 2050 – noch schön gefärbt, weil sie eine langfristige Angleichung der Bestimmungsfaktoren (Geburtenziffer, Lebenserwartung, Wanderungssaldo) der ostdeutschen und westdeutschen Bevölkerungsentwicklung unterstellen – führen bereits bis 2020, dem offiziellen Zeitpunkt des Abschlusses »Aufbau Ost«, zu einem nicht mehr lebensfähigem Gebilde Ostdeutschland.

Ganze Landstriche werden entvölkert sein, in Ödland oder slumartige Gebilde verwandelt. Von der Gesellschaft Ausgestoßene und sozial Bestrafte und Gedemütigte werden dort ihr Leben fristen müssen. »Selbst Städte wie Gera, die einst von einer Vielfalt von Branchen lebten – Maschinenbau, Elektrotechnik, Textilindustrie, Optik, Nahrungsmittelherstellung – sind heute fast flächendeckend deindustrialisiert. [...] In Städten wie Hoyerswerda entstehen Stadtbrachen, weit wie Fußballfelder, auf denen nicht einmal ein Baum gepflanzt werden kann, denn die Kommunen haben dafür kein Geld.«[24]

Das spezifische Problem des Ostens besteht darin, dass sich derartige Entwicklungen nicht auf einige wenige Zentren konzentrieren, sondern flächendeckend auftreten.

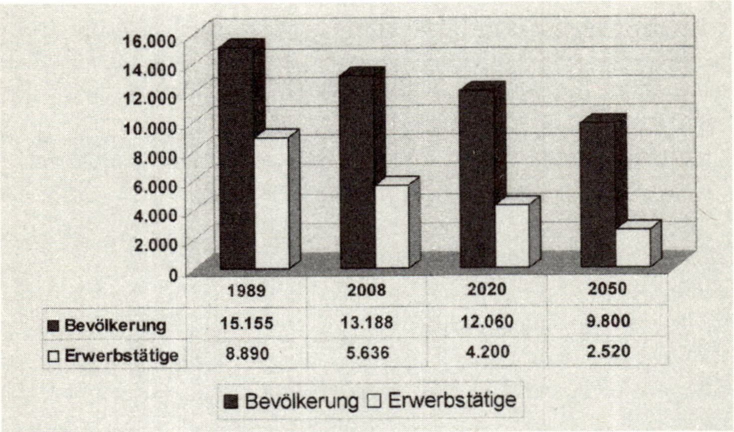

Prognose der Entwicklung der Bevölkerung und der Erwerbstätigkeit in Ostdeutschland

Bericht zur deutschen Einheit der Bundesregierung 2005; Memorandum 2006; KfW-Resarch

»Regionen werden sich entvölkern, vergreisen, veröden und versteppen. Im Unterschied zu analogen Entwicklungen in Westdeutschland handelt es sich jedoch nicht nur um einige dünn besiedelte Landstriche an der Peripherie, [...] sondern um große Teile Ostdeutschlands (Vorpommern, Nord-Brandenburg, Ostsachsen, Lausitz, Nordthüringen, Altmark) mit urbanen Zentren (Halle, Magdeburg, Dessau, Gera, Frankfurt/Oder, Neubrandenburg, Görlitz, Zittau u. a.)«[25]

Bis 2050 ist das »Werk« vollendet. Im Osten Deutschlands ist das *verödete Altersheim Europas* entstanden. Dem Osten Deutschlands ist die Zukunft genommen.

In Zukunftsszenarien, aufgestellt von westlichen Wirtschaftsinstituten, schlägt sich die Lage sichtbar nieder. Die Deutschlandkarten zeigen dieses durch rigorosen Bevölkerungsschwund, weiteren Verfall der Erwerbstätigkeit, Überalterung, wirtschaftlichen Rückgang und finanziellen Bankrott gekennzeichnete Gebilde eindeutig als Armutsgebiet und Landstrich ohne Zukunft. Die Zukunft Ostdeutschlands wird durch seriöse Wirtschaftsinstitute als mit »großen« oder »sehr großen« Risiken behaftet charakterisiert.

Diese alarmierende Situation lässt die führende Regierungspartei unberührt. Sie benutzt selbst diese katastrophale Situation zur Hetze gegen die DDR. »Diese Entwicklungen haben Zukunft und schaffen Zukunft. Richtig ist aber auch, dass eine selbst tragende Wirtschaftsentwicklung noch nicht erreicht wurde. Auch im zweiten Jahrzehnt nach der Wiedervereinigung leidet die wirtschaftliche Entwicklung an den Folgen der sozialistischen Misswirtschaft und der deutschen Teilung.«[26]

Man fragt sich, ob zum 30. Jahrestag des Beitritts, wenn das wirtschaftliche und soziale Chaos in Ostdeutschland noch weiter fortgeschritten sein wird, auch noch die »sozialistische Misswirtschaft« herhalten soll. Oder vielleicht gelingt es doch, die »Mistwirtschaft« der BRD bis dahin nicht nur zu entlarven, sondern zu beseitigen.

Aber halten wir für heute erst einmal fest:

Was für eine grandiose Leistung des deutschen Kapitalismus, ein Territorium von 108.000 Quadratkilometern mit einem Staatsvolk von etwas über 16 Millionen Menschen, die ein selbständiges, sich selbst versorgendes, international geachtetes Gemeinwesen erfolgreich organisierten und entwickelten, binnen weniger Jahre in eine derartige Wüste zu verwandeln!

Das ist in der Welt einzigartig. Respekt Herr Kohl, Herr Schröder und Frau Merkel. Glückwunsch an die deutsche Großbourgeoisie. Salut allen Unternehmerverbänden, Banken und hörigen Scharlatanen.

Anmerkungen

1 Blessing, Damm, Werner, Die Schulden des Westens. Wie der Osten Deutschlands ausgeplündert wird. Selbstverlag 3. Auflage, Zeuthen 2006
2 »Unfrieden in Deutschland. Weissbuch der GBM Nr. 6, 1999, S. 83
3 Ulrich Busch/Fritz Vilmar (Hrsg.), Zehn Jahre Vereinigungspolitik – Kritische Bilanz und humane Alternativen. Berlin 2002, S. 162
4 Klaus von Dohnanyi, »Noch hinkt der Osten hinterher«, Interview in der *Schweriner Volkszeitung*, 3. April 2007

5 Ulrich Busch/Fritz Vilmar (Hrsg.), Zehn Jahre Vereinigungspolitik – Kritische Bilanz und humane Alternativen. Berlin 2002, S. 162

6 *Der Tagesspiegel*, 8./9. April 2007

7 zitiert in: Klaus Blessing, Ist sozialistischer Kapitalismus möglich? edition ost, Berlin 2003, S. 277

8 *junge Welt*, 23. September 2004

9 Busch/Vilmar, a. a. O., S. 190/193

10 Statistisches Jahrbuch der DDR 1990, Berlin 1990

11 »Geteilt. Vereint. Gemeinsam. Perspektiven für den Osten Deutschlands.« Beschluss des Bundesparteitages der CDU, Stuttgart 1./2. Dezember 2008

12 Jahresbericht der Bundesregierung zum Stand der Deutschen Einheit 2009

13 Die Daten wurden aus den Angaben in den Statistischen Jahrbüchern der DDR 1990 und der BRD 1998 errechnet

14 Helmut Weiß, Die Verbraucherpreise in der DDR - wie stabil waren sie?, Schkeuditz 1995, S. 159

15 ebenda, S. 141

16 Jahresbericht der Bundesregierung zum Stand der Deutschen Einheit 2005

17 Jahresbericht der Bundesregierung zum Stand der Deutschen Einheit 2007

18 Jahresbericht der Bundesregierung zum Stand der Deutschen Einheit 2009

19 »Geteilt. Vereint. Gemeinsam. Perspektiven für den Osten Deutschlands.« Beschluss des Bundesparteitages der CDU, Stuttgart 1./2. Dezember 2008

20 Interview mit Angela Merkel in: *Cicero* vom 18. Dezember 2008

21 Neues Deutschland, 4. November 2009

22 Hannes Bahrmann/Christoph Links (Hrsg.), Am Ziel vorbei, Berlin 2005

23 »15 Jahre Deutsche Einheit. Wie geht es mit dem Osten weiter?«, Sonderband Nr. 34 der KfW Bankengruppe, Frankfurt am Main, Oktober 2005, S. 39

24 Tina Veibelmann, Im freien Fall, in: *Freitag*, 28. April 2006

25 Arbeitsgruppe Alternative Wirtschaftspolitik: Memorandum, Köln, S. 177

26 »Geteilt. Vereint. Gemeinsam. Perspektiven für den Osten Deutschlands.« Beschluss des Bundesparteitages der CDU, Stuttgart 1./2. Dezember 2008

V. Wie kann die weitere Ausplünderung Ostdeutschlands gestoppt werden?

1. Die Gewinner der Einheit sollen zahlen

In einer Zeit, »wo wir alle sparen müssen«, weil die Staatskassen leerer als leer sind, wo die Staatsverschuldung ständig steigt, wo Frau Merkel in der Regierungserklärung 2009 die Nation auf schlimme Zeiten einstellt, erscheint eine Forderung nach Entschädigung für die Ostdeutschen mit über 300 Milliarden Euro grotesk.

Wer soll diese Entschädigung zahlen?

Ich bediene nicht die billige Ansage: Wer Billionen für die Banken hat, wird doch Milliarden für die Bürger haben. Ich schlage auch nicht vor, die Finanzierung aus dem Steueraufkommen oder Solidarbeiträgen der Bevölkerung zu tätigen. Es war und ist ein grundsätzlich falscher, aber systemtypischer Weg, die »Lasten der Einheit« den lohnabhängig Beschäftigten aufzubürden und die Gewinner der Einheit nicht nur zu verschonen, sondern sie durch Steuersparmodelle noch zu belohnen.

Es ist höchste Zeit, das Prinzip umzukehren.

Die Ausgleichsforderung ist zu finanzieren aus den Einheitsgewinnen der westdeutschen Konzerne, Finanzorgane und von Privatpersonen, die sich im Prozess der Wiedervereinigung bis heute besonders bereichert haben.

Gezielt zur Kasse zu bitten sind die Besitzer von Handelsketten, Finanzinstitutionen und Aktiengesellschaften; Top-Manager, Juristen und Liquidatoren, insbesondere in der Treuhand, in Aufsichtsräten von ehemaligen DDR-Firmen, die überdurchschnittlich verdient haben; Politiker und höhere Beamte, die im Osten legal und illegal abkassiert haben und andere Nutznießer der deutschen Einheit. Natürlich ist das nicht namentlich zu adressieren. Nachweisbar ist jedoch, dass in den »Wendejahren« in diesen noblen Kreisen eine sprunghafte Erhöhung des privaten Vermögens in ungeahnten Dimensionen erfolgt ist.

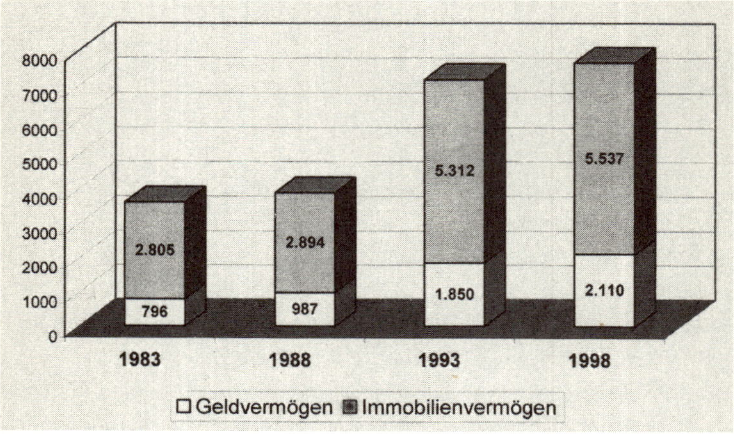

Die sprunghafte Vermehrung des Netto-Vermögens westdeutscher Haushalte zwischen 1988 und 1993 (in Milliarden DM)

Studie der Johann-Wolfgang-Goethe-Universität Frankfurt

Aus der Darstellung ist ersichtlich, wie in den 5 Jahren 1989 bis 1993 das Vermögen westdeutscher Haushalte geradezu explosionsartig anstieg. Eine Entwicklung, die weder davor noch danach wieder eingetreten ist. Die Einheitsgewinnler hatten »Kasse gemacht«, sich die ostdeutschen Immobilien unter den Nagel gerissen, Boomgeschäfte in Ost und West getätigt, ihr Geldvermögen kräftig vermehrt. Danach ging es munter weiter, aber nicht im gleichen Tempo.

Das Vermögen konzentriert sich auf kleinste und feinste Oberschichten und steigt in diesen Kreisen ständig weiter an. Wer hat, dem wird gegeben. »Laut einer aktuellen Veröffentlichung des Deutschen Institutes für Wirtschaftsforschung (DIW) Berlin war das Nettovermögen von hochgerechnet rund 6,6 Billionen Euro im Jahr 2007 (ohne PKW und Hausrat) sehr ungleich verteilt. Auf die oberen 10 Prozent entfielen 61,1 Prozent des Vermögens – allein das oberste Prozent konnte etwa 23 Prozent des gesamten Vermögens auf sich vereinen. 27 Prozent der erwachsenen Bevölkerung verfügten über kein Vermögen oder waren verschuldet. Die untersten 70 Prozent (*sie stellen die absolute Mehrheit der deutschen Bevölkerung dar – K. B.*) hatten einen Anteil am Gesamtvermögen von weniger als 9 Prozent.«[1]

So sieht die »Neue Soziale Marktwirtschaft« aus, die Frau Merkel preist und gern in alle Welt exportieren will. »Denn wir müssen darauf achten, dass der Zusammenhalt unserer Gesellschaft erhalten bleibt. […] Dass die solidarischen Elemente entwickelt werden, ist der Wesenskern der Sozialen Marktwirtschaft, die Deutschland so erfolgreich gemacht hat.[2] […] Das ist auch das, was man vielleicht als den dritten Weg bezeichnen kann, den wir nach meiner Überzeugung weltweit brauchen.«[3]

Machen wir eine Rechnung auf.

Das Geldvermögen »der Deutschen« beträgt aktuell ca. 4,5 Billionen Euro. Davon »gehören« zwei Drittel (= drei Billionen Euro) der zehnprozentigen Oberschicht.

Erleichtern wir diese Schicht nur um zehn Prozent »ihres« Vermögens, wäre die Finanzierung unserer Ausgleichsforderung gesichert, ohne dass diese Menschen verarmten und beim Discounter einkaufen müssten. Populismus? Neiddiskussion? Mitnichten, es ist eine überfällige gesellschaftspolitisch notwendige Maßnahme, wenn der Zusammenhalt der Gesellschaft gesichert werden soll.

Es gibt alternative, sogar finanztechnisch durchgerechnete Konzepte, wie ausreichend finanzielle Mittel für die Durchsetzung einer sozial verträglichen Politik erschlossen werden können. Sie gehen alle in die gleiche Richtung, endlich durch Gewinn- und Vermögenssteuern das Geld dort abzukassieren, wo es sinnlos und nutzlos angehäuft ist.

Jährlich gibt die »Arbeitsgruppe Alternative Wirtschaftspolitik« ein Memorandum heraus, das detaillierte und begründete Vorschläge enthält. »Die Analysen und Überlegungen in unserem diesjährigen Memorandum durchzieht als ein roter Faden die These, dass eine gemeinsame Ursache der vielfältigen ökonomischen, sozialen und wirtschaftspolitischen Probleme in Deutschland in einer zunehmend falschen Verteilung liegt: falsche Verteilung von Einkommen führt zum Stocken der gesamtwirtschaftlichen Entwicklung und zu wachsender Armut und Polarisierung sowie zur spekulativen Überhitzung der Finanzmärkte. […]

Eine über den Tag hinausreichende Korrektur dieser langfristigen Fehlentwicklung bedarf auf Dauer einer grundlegenden Neuverteilung von Einkommen, Arbeit und Macht.«[4]

Und wie? Vor der entscheidenden Aussage scheut sich auch diese Gruppe. Sie gibt seit Jahrzehnten qualifizierte analytische Materialien heraus. Verändern konnte sie damit nichts, weil die entscheidende Aussage fehlt: Da dem so ist, müssen die Eigentumsverhältnisse geändert werden.

Erst dann trifft zu, was sie ebenfalls sagen: »Eine andere Wirtschaftspolitik ist machbar. Sie bedarf aber neben guten und überzeugenden Argumenten auch die Bereitschaft und Fähigkeit, diese im Konflikt gegen die mächtige Minderheit durchzusetzen.«[5]

Bei der Lösung der finanziellen Probleme sollte an historische Vorbilder angeknüpft werden. Die Einführung einer Vermögensabgabe spielte zum »Lastenausgleich« und bei der Ankurbelung der westdeutschen Wirtschaft nach Beendigung des 2. Weltkrieges eine entscheidende Rolle.

Zu einer Zeit, als die Vermögen großer Schichten der Bevölkerung gering waren, hatte die deutsche Politik auf Druck der Alliierten die Kraft, wesentliche Umverteilungen von Vermögenden und Nutznießern des Krieges und der Währungsreform durchzusetzen.

»Vor allem wurde (*damals – K. B.*) beklagt, dass die Geldumstellung vieles über einen Kamm geschoren hatte, dass die in Jahren mühsam ersparten Notgroschen genauso behandelt wurden wie die rasch errafften Guthaben der Schwarzhändler, dass keine Unterschiede gemacht wurden zwischen denen, die ihr gesamtes Sachvermögen behalten hatten, und jenen, die alles verloren hatten.«[6]

Selbst der amerikanische General Clay hatte erkannt: »In jedem Land, und ganz gewiss in Deutschland, mit seinem Hang zum Sozialismus, würde eine Währungsreform ohne einen gewissen Lastenausgleich unbeliebt sein.«[7]

Die alliierten Westmächte ordneten deshalb im Umstellungsgesetz zur Währungsreform an: »Die zur Durchführung des Lastenausgleichs erforderlichen Mittel sind durch besondere Vermögensabgaben aufzubringen. [...] Gesetze bestimmen auch, inwieweit für die durch die Geldreform entstehenden Verluste oder andere Verluste eine Entschädigung zu gewähren ist.«[8]

Auf dieser Grundlage verabschiedete der Deutsche Bundestag ein Lastenausgleichsgesetz, das am 14. August 1952 in Kraft trat. Es beinhaltete im Kern, eine Vermögensabgabe in Höhe von 50 Prozent auf alle steuerpflichtigen Vermögen (Stichtag 20. Juni 1948) einzuführen und Sondersteuern auf Hypotheken- und Kreditgewinne aus der Währungsumstellung zu erheben.

Bis zum Jahre 1978 flossen aus diesen und weiteren Quellen dem Lastenausgleichsfonds rund 110 Milliarden DM zu. Das entspricht zu heutigen Preisen einem Wert von 200 bis 300 Milliarden DM. Diese Mittel wurden gezielt zur Unterstützung der sozial Schwachen eingesetzt.

Die ökonomischen Wirkungen der Währungsunion und Zerschlagung der ostdeutschen Wirtschaft übertreffen nachgewiesenermaßen die Folgen des 2. Weltkrieges bei weitem.

Der politische Unterschied zu damals ist jedoch eindeutig: Nach dem 2. Weltkrieg wurde die Politik unter wesentlich schlechteren ökonomischen Bedingungen zu einem Lastenausgleich zu Gunsten der Schwachen gezwungen.

In der heutigen Zeit, wo die Vermögen der Oberschicht unvorstellbare Ausmaße angenommen haben – zu erheblichen Teilen aus der dem Anschluss der DDR herausgepresst –, wo Banken, Versicherungen und Konzerne Einheitsgewinne von hunderten Milliarden eingestrichen haben, wird noch nicht einmal eine öffentliche politische Diskussion über Vermögens-, Erbschafts-, Kapital- oder Dividendensteuern zielgerichtet geführt.

Der Bremer Soziologe Stephan Leibfried stellt dazu fest: »In den 50er Jahren hat Adenauer noch einen Lastenausgleich hinbekommen, zig Milliarden für 15 Millionen Zugewanderte […] Und die SPD hat mitgemacht in einer leisen großen Koalition. Das war wohl die einzige richtige Umverteilung, die wir je hatten. Die zweite Chance zur ehrlichen Umverteilung […] haben wir mit der Wiedervereinigung vergeben.«[9]

Weder die Regierung unter Helmut Kohl (CDU) noch die unter Gerhard Schröder (SPD), von Angela Merkel ganz zu schweigen, haben einen solchen Lastenausgleich auch nur erwogen. Das Gegenteil wurde politisch durchgesetzt. Es erfolgte keine Vermögensabgabe von den Reichen zu den Armen, sondern die Umverteilung erfolgte umgekehrt: von den Armen zu den Reichen.

Die Forderungen nach sozialem Lastenausgleich stellen Mindestvorschläge dar. Die von uns vorgesehenen Sondersteuern belasten Vermögen und Konzerne wesentlich geringer als das nach dem 2. Weltkrieg der Fall war. Die Mittel daraus sollten, wie damals, gezielt für die sozial Schwachen verwendet werden: zur Füllung der

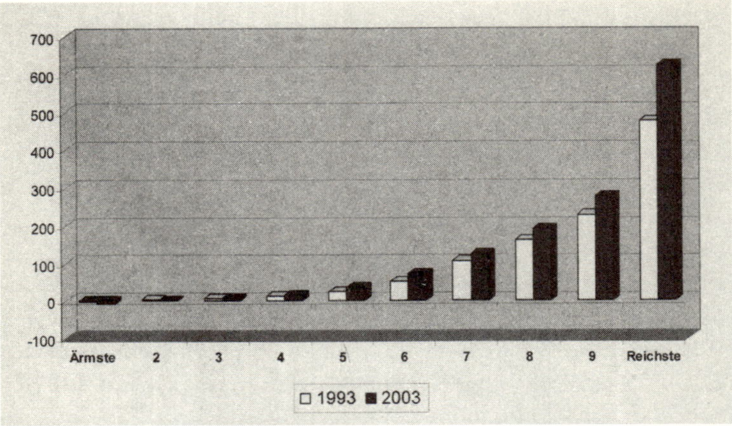

Vermögensumverteilung von Arm zu Reich zwischen 1993 und 2003 in Tausend Euro je Haushaltsgruppe

Armuts- und Reichtumsbericht der Bundesregierung 2005

Sozialkassen, für dringend notwendige kommunale, soziale und gesundheitliche Maßnahmen und Einrichtungen, zur Stimulierung des wissenschaftlich-technischen Fortschrittes, zur Erhöhung des Bildungsniveaus für alle Schichten der Bevölkerung und besonders zur gezielten Entschädigung der Ostdeutschen.

Eine solche Entschädigung der Ostdeutschen würde nicht nur einen kleinen Ausgleich für die geraubten Vermögenswerte darstellen, sondern gleichzeitig einen gewaltigen Kaufkraftschub im Osten auslösen. Bindet man diesen Kaufkraftschub an Waren und Dienstleistungen, die im Osten Deutschlands produziert werden, würde daraus ein echter Aufschwung Ost zu finanzieren sein. »Das Element der Nachfrage fehlt völlig. Das Entscheidende ist der einfache Umstand, dass eine Produktion im Osten schlicht nicht gebraucht wird. Eine Binnennachfrage, die dort ein größeres Produktionsvolumen anregen könnte, gibt es nicht. […] In keinem Bundesland gibt es so wenig regionale Produkte wie in den Ostländern und so viele Produkte aus anderen Bundesländern.«[10]

Unsere bisherigen Vorschläge würden die strukturellen Probleme des Ostens, resultierend aus der Krise des Gesamtsystems, jedoch nicht lösen. Dazu sind tiefer greifende wirtschaftspolitische Maßnahmen notwendig.

Aktuelle Untersuchungen und Publikationen linker Kräfte kommen bei unterschiedlichen Nuancierungen in der Sache zu im Wesentlichen einheitlichen Aussagen.

Ulrich Busch, Wolfgang Kühn und Klaus Steinitz haben die Probleme im 20. Jahr der Einheit analysiert und notwendige Schlussfolgerungen gezogen.[11] Die Autoren entwickeln in ihrem 2009 erschienenen Buch drei Szenarien einer möglichen Entwicklung für Ostdeutschland.

Erstens: das Szenario »Weiter so«. Das wird zu einer dauerhaften Abkopplung Ostdeutschlands im Sinne einer unterentwickelten, vom »Mutterland« abhängigen Region führen.

Zweitens: das Szenario eines »Nachbau West«, das aus dem Westen subventioniert wird. Die Autoren sprechen dabei von einer »Transferfalle«, denn der Aufholprozess könne auf diese Weise nicht, schon gar nicht über degressive und bis 2019 auslaufende Transfers, forciert werden. Er werde zu einer noch größer werdenden Kluft zwischen West und Ost führen.

Drittens: das alternative Szenario einer auf Innovation gestützten Entwicklung. Berechtigt fordern die Autoren die Konzentration von Forschung, Bildung, Industrialisierung auf neue innovative Gebiete (Alternative Energien, Umwelttechnologien, Biotechnik, neue Kommunikationstechnik). Die im Ergebnis der Krise objektiv notwendige Erneuerung und Umstrukturierung großer Teile der Wirtschaft würden dafür gute Voraussetzungen bieten, wenn diese auf Ostdeutschland konzentriert werden. Nur wenn die wirtschaftliche Dynamik des Ostens gegenüber dem Westen auf diese Weise wachse, seien die strukturellen Probleme Ostdeutschlands, etwa Abwanderung und mangelnde Kaufkraft, lösbar.

Die Autoren meinen aber auch, dass die Bereitschaft der herrschenden Klasse der BRD, einen solchen Weg zu beschreiten, eher gering einzuschätzen ist. Deshalb sind vor allem alternative Kräfte zur Änderung der Politik gefordert, meinen sie berechtigt.

Ich füge hinzu: Wenn diese Kräfte stark genug werden, dann könnte es ein viertes Szenario geben. Ich halte dieses für die eigentliche Lösung des Problems, nicht nur Ostdeutschlands: der Umbau der neoliberalen kapitalistischen Gesellschaftsordnung zu einer dem Gemeinwohl dienenden sozialistischen Gesellschaft.

Es ist zu erwarten, dass die eskalierenden Widersprüche des globalisierten Kapitalismus der Menschheit in den nächsten Jahrzehnten gar keine andere Wahl lassen, wenn sie – nicht nur im Osten Deutschlands – überleben will.[12]

Die Studie der Partei DIE LINKE »Leitbild Ostdeutschland 2020«[13] greift gerade diesen Gedanken auf: »Der *Aufbau Ost* als *Nachbau West* ist endgültig gescheitert.

Es geht um nicht mehr und nicht weniger als um einen Paradigmenwechsel, um ein gesellschaftliches Umsteuern. Denn der von West nach Ost übertragene Entwicklungspfad mit seiner neoliberalen Ausprägung ist nicht zukunftsträchtig. Er hat im Gegenteil Ost und West gleichermaßen in die Krise geführt. […] Der vorliegende Handlungsansatz (*der Studie – K. B.*) geht von einem erforderlichen und möglichen umfassenden Pfadwechsel aus. Für diesen Pfadwechsel, der auf nationaler, europäischer und globaler Ebene ansteht, können gerade auch von Ostdeutschland wichtige Impulse ausgehen. […] Voraussetzung für die Umsetzung dieses Entwicklungs- und Gestaltungskonzepts ist ein politischer Richtungswechsel. […] Es geht um nicht mehr und nicht weniger als um einen Paradigmenwechsel, um ein gesellschaftliches Umsteuern; um eine Abkehr vom marktradikalen Weg und der Öffnung hin zu einem sozial gestalteten, zukunftsfähigen Entwicklungspfad.«

In dieser Studie wird als Kern des neuen Gesellschaftsmodells eine Neu- und Reindustrialisierung auf Basis des sozial-ökologischen Umbaus der Gesellschaft gefordert.

Das Ostdeutsche Kuratorium von Verbänden e. V., dem ich seit einigen Jahren als Vizepräsident mit vorstehe, hat in einem Grundsatzmaterial die vorliegenden Gedanken und Konzepte gebündelt. Unter dem Titel »Staatlich vereint – politisch, wirtschaftlich und sozial gespalten. Die Deutsche Einheit braucht neue Perspektiven«[14] setzen wir uns sowohl mit der historischen Entwicklung der DDR, den Ursachen der Niederlage und der aktuellen Situation Ostdeutschlands auseinander. Besondere Bedeutung messen wir jedoch den Anforderungen und Maßnahmen an eine friedliche und sozial gerechte Zukunft bei.

Dabei gingen wir davon aus, dass es bei der Neugestaltung Ostdeutschlands nicht um eine Sonderrolle, sondern um eine wirksame Alternative *als Beispiel für die gesamte Bundesrepublik* gehen müsse.

Diese könnte beispielgebend für die Integration unterschiedlicher Gesellschaftssysteme in Europa sein und verhindern, dass der ehemalige Ostblock im Rahmen der EU bedingungslos den Interessen des Kapitals ausgeliefert wird.

Wir betonen die besondere Situation Ostdeutschlands gegenüber ähnlichen Regionen Westdeutschlands. Sie besteht darin, dass im Osten das flächendeckende Zurückbleiben mit einigen wenigen Wachstumskernen (Potsdam, Dresden, Jena) die Regel darstellt, während im Westen bei flächendeckendem Wachstum lediglich einige Regionen zurückbleiben.

Daraus folgt die politische Notwendigkeit, Ostdeutschland weiterhin als eigenständige Region besondere politische und ökonomische Aufmerksamkeit zu widmen.

Um Ostdeutschland in den nächsten zehn Jahren zu einer wettbewerbsfähigen und innovativen Region im Herzen Europas zu entwickeln, halten wir für erforderlich, konkrete politische und ökonomische Entscheidungen zu treffen und Gesetze zu erlassen, die die bestehenden Ungleichheiten überwinden. Auf diese Weise könnte der Osten Deutschlands sich vom Experimentierfeld und Sondergebiet extremer neoliberaler Wirtschaftspolitik zu einem Muster neuartiger Gesellschaftspolitik in Europa entwickeln. Durch Konzentration der Forschung, Entwicklung und der Errichtung von Produktionsstätten mit Zukunftstechnologien ist die wirtschaftliche Entwicklung zu forcieren. Die Abwanderung der arbeitsfähigen Bevölkerung ist dadurch nicht nur zu stoppen, sondern könnte auch zu einer Rückwanderung qualifizierter Arbeitskräfte führen.

Die Benachteiligung bei Löhnen, Sozialleistungen und Renten ist zu überwinden, diese sind an das Westniveau heranzuführen. Für das 1989 geraubte Volkseigentum und die abgewerteten Sparguthaben ist den ostdeutschen Menschen gemäß Einigungsvertrag eine angemessene Entschädigung zu zahlen. Dadurch würde die Kaufkraft Ost gestärkt werden.

Es sind Bedingungen zu schaffen, die diese Kaufkraft in eine stärkere Nachfrage nach Konsumgütern, Dienstleistungen und Investitionsgütern, die in Ostdeutschland hergestellt werden, umsetzen. Die entscheidende Frage ist, wie diese Forderungen umsetzbar sind.

Berechtigt wird in allen Materialien zur Verbesserung der ostdeutschen Situation zum Ausdruck gebracht, dass es eine Frage des politischen Kräfteverhältnisses ist, ob diese durchsetzbar sind.

Von den Parteien in Regierungsverantwortung sind keine wirksamen Maßnahmen zu erwarten. Wer die Lage schönfärbt und sich überwiegend in Verleumdungen der DDR ergeht, kann keine Notwendigkeit zu wirksamen Veränderungen erkennen, geschweige denn umsetzen. In logischer Folge enthalten die entsprechenden Partei- und Regierungsdokumente allgemeine Floskeln über ein »Weiter so!« – oder gar nichts.

Im Beschluss des CDU-Parteitages zu Ostdeutschland und dem Koalitionsvertrag zwischen CDU, CSU und FDP stehen nebulöse Allgemeinplätze oder technokratischer Kleinkram. Eine Vision für den Osten fehlt ebenso wie eine für Gesamtdeutschland. Da »der Aufbau Ost auf gutem Wege ist, wird die Koalition die Deutsche Einheit weiterhin voranbringen«.[15] Die inhaltslose Zielsetzung, »die Lebensverhältnisse in Deutschland bis 2019 bundesweit anzugleichen«[16] steht ebenso im Koalitionsvertrag wie das leere Versprechen, dass »die Steigerung der Wirtschaftskraft und die Reduzierung der Arbeitslosigkeit die zentralen Ziele bleiben«. Ansonsten verständigte sich die Koalition darauf, vieles zu evaluieren (heißt: neu zu bewerten, zu prüfen) und Expertenkommissionen einzusetzen.

In ihrer Regierungserklärung, die von der Opposition als Regierungsrätsel, leere Versprechungen und zweiter Aufguss bezeichnet wird, sagt die Ost-Kanzlerin zur Lage und der Weiterführung Aufbau Ost kein einziges Wort!

Auch die Partei DIE LINKE tut sich mit einer konsequenten Ostpolitik schwer. Zwar hat sie eine Vielzahl von Anhörungen, Konferenzen, Symposien und ähnliche Veranstaltungen zur Problematik Ost durchgeführt, jedoch ohne spürbare Ergebnisse. Bereits die thematischen, meist wissenschaftlichen Veranstaltungen waren davon geprägt, dass die Probleme Ostdeutschlands zu wenig als eigenständige Probleme erkannt und herausgearbeitet wurden und vielmehr zu stark hinter den gesamtdeutschen und letztlich globalen Problemen versteckt wurden.

Meine bisherigen Darlegungen zeigen aber überdeutlich, dass der Osten nach wie vor eine verheerende Eigendynamik hat, die natürlich eine Folge der gesamten kapitalistischen Entwicklung ist. Lösungen aber nur in diesem Gesamtrahmen zu suchen, verschiebt überlebensnotwendige Entscheidungen.

Es ist deutlich spürbar, dass in den Führungskreisen der Partei DIE LINKE im Prozess des Zusammenwachsens zur gesamtdeutschen Partei und der fast ausschließlichen Fokussierung auf gute Wahlergebnisse eine nur geringe Bereitschaft besteht, die Probleme Ostdeutschlands explizit anzusprechen und insbesondere zu bekämpfen. Man will nicht als Ostpartei, sondern als gesamtdeutsche Partei wahrgenommen werden.

Ich halte es für notwendig, dass die Partei DIE LINKE ihre gestärkte parlamentarische Kraft nutzt, um der Hetz- und Verleumdungskampagne ein eigenständiges Konzept Ostdeutschlands entgegenzustellen. Ein »Alternativer Einheitsbericht« als Antwort auf die zu erwartenden regierungsamtlichen Entstellungen ist überfällig. Kernstück sollten die reale Einschätzung der Lage und konkrete Schlussfolgerungen sein, wie sie sich aus den dargestellten linken Dokumenten ergeben.

Grundlage müsste ein strategisches Beschlussdokument der Partei zu Ostdeutschland bilden.

Es ist politisch schwer nachvollziehbar, dass CDU und SPD über solche verfügen, die im Osten als Volkspartei etablierte DIE LINKE jedoch nicht. Mehrere von mir mit Spitzenpolitikern der Partei DIE LINKE dazu geführte Gespräche stießen auf wenig Gegenliebe. Die Angst, dass nicht nur der politische Gegner zurückschlägt, sondern auch die Partei auf eine zu starke Zerreißprobe gestellt werden könnte, ist deutlich spürbar.

Sowohl der Sache als der Zukunftsfähigkeit der Partei ist dieses Ausweichen vor den Ostproblemen jedoch wenig zuträglich.

Die Grundfrage ist und bleibt deshalb die politische Mobilisierung von Menschen. Papier und Beschlüsse sind nichts wert, wenn sie nicht die Empfänger erreichen. Berechtigt wird in der genannten Studie der Partei DIE LINKE ausgesagt: »Voraussetzung für die Umsetzung dieses Entwicklungs- und Gestaltungskonzepts ist ein politischer Richtungswechsel. Ein solches Zukunftskonzept braucht deshalb breite Unterstützung. […] Indem es der Öffentlichkeit unterbreitet wird, ist auf eine breite demokratische und kritische Debatte zu hoffen.«[16]

Davon ist bisher nichts zu spüren.

Andere Stimmen aus dem Osten sagen ähnliches.

Auch Busch, Kühne, Steinitz meinen: »Die Bereitschaft der politischen Klasse der Bundesrepublik, eine solche Aufgabe zu übernehmen, ist gegenwärtig allerdings eher gering einzuschätzen. Hier sind deshalb vor allem alternative Kräfte gefordert, die sich für eine Änderung der Politik in Richtung einer Weichenstellung zur Schaffung der notwendigen Bedingungen für gleichwertige Lebensverhältnisse und für eine zukunftsfähige, sozial und ökologisch nachhaltige Entwicklung einsetzen.«[17]

Norbert Peche, ostdeutscher Ökonom, stellt unter dem Titel »Selbst ist das Volk« berechtigt fest: »Der Aufschwung Ost kann objektiv nicht mehrheitsfähig sein bzw. wird es erst sein, wenn die unbefriedigende Lage im Osten die ganze Bundesrepublik wirklich nach unten zieht. Davon sind wir noch ein ganzes Stück entfernt. Inhaltlich und zeitlich. [...] Wir brauchen eine politische Bürgerbewegung, deren einziges Ziel darin besteht, ostdeutsche Interessen zur Geltung zu bringen. [...] Bürgerbewegungen: Wenn Politik noch nicht kann, müssen die Bürger sie bewegen, auf dass sie wollen und dann können.«[18]

Auch andere Ostdeutsche wie Heinz Florian Oertel oder Edgar Most äußern sich öffentlich in diesem Sinne und fordern kollektives Aufbegehren jenseits der etablierten Parteien.

Daniela Dahn meinte: »Veränderung kann nur von unten kommen. Der Bürger ist die kleinste Zelle der Demokratie. [...] Um nicht auf Wahlfrust beschränkt zu bleiben, wird er sich mit Ähnlichgesinnten zusammentun und organisieren müssen.«[19]

Die Forderung, dass sich »Ähnlichgesinnte« zusammentun, ist richtungweisend. Bürgerbewegungen scheitern bisher daran, dass sie sich weitgehend auf »Gleichgesinnte« beschränken. Häufig wird geargwöhnt, ob sich nicht »ideologische Abweichler« in die Reihen einschlichen. Eifersüchtig und selbstherrlich wird darüber gewacht, dass solches unterbleibt. »Kämpferisch« wird die interne Auseinandersetzung mit dem »Ähnlichgesinnten« geführt, statt sich gemeinsam der tatsächlichen Widersacher und Gegner anzunehmen.

Das Ostdeutsche Kuratorium will den jetzigen Zustand überwinden. Wir wollen Kräfte bündeln und mobilisieren. Wir wollen das politische Spektrum so breit wie möglich fächern. Unser drängendes Bestreben ist es, unsere Position öffentlich zu machen und eine Bürgerbewegung auszulösen.

Erste wirksame Schritte wurden gegangen. Am 3. Oktober ist staatlich verordnet Feiertag zum »Tag der Deutschen Einheit«. Mit großem organisatorischem Aufwand werden alljährlich die Menschen zur Teilnahme an Volksfesten animiert. Für die meisten Ostdeutschen gibt es wenig Anlass für derartige Freudenfeste. Deshalb ruft das Ostdeutsche Kuratorium seit 2007 statt dessen zu einer Protestveranstaltung.

»Veränderungen erfordern politische Willensbildung und öffentlichen Druck. Deshalb werden wir unsere Vorschläge mit allen uns verfügbaren Mitteln in die Öffentlichkeit tragen. Wir bitten Bürgerinnen und Bürger, Parteien, Organisationen und Persönlichkeiten des gesellschaftlichen Lebens, unser Anliegen durch Willensbekundungen zu unterstützen«, schrieben wir in einem Offenen Brief. »Wir wollen verändern, nicht feiern!«

Unter dem Motto »Handeln – bevor es zu spät ist! Gegen Verarmung und Entrechtung der Ostdeutschen! Für eine bessere Zukunft aller Menschen« haben wir 2009 sowohl im Saal als auch auf der Straße unsere Meinung artikuliert. Der Zuspruch bei der älteren, noch kampfbereiten Generation war größer als bei den jüngeren Generationen. Heinz Florian Oertel meint berechtigt: »Wir Ältere von heute könnten schon viel mehr erreichen, schlössen wir uns konzentrierter zusammen. Als vereinte Kraft brächten wir die Herrschenden mindestens in Verlegenheit, wahrscheinlich aber schon zu Korrekturen.«[20] Erfolgreich werden wir die Politik beeinflussen, wenn sich daraus die vielfach geforderte Bürgerbewegung entwickelt. Das ist unser erklärtes Ziel für das Jahr 2010.

In diesem Sinne sprach ich auch auf der Protestveranstaltung 2009. Meine Überlegungen fanden dort viel Zustimmung. Es war und ist für mich nicht nur eine rationale oder gar wissenschaftliche Herausforderung, sondern vor allem eine emotionale Aufgabe. Ich möchte dazu beitragen, den uns nachfolgenden Generationen im Osten Deutschlands ein Leben in Würde zu erhalten.

»Unseren heutigen Protestveranstaltungen haben wir ein Motto vorangestellt: *Handeln – bevor es zu spät ist!* Viele Menschen werden fragen: Ist es nicht schon zu spät? Haben fast zwei Jahrzehnte bundesdeutsche Herrschaft im Osten Deutschlands nicht materiell und geistig Tatsachen geschaffen, die heute nicht mehr zu verändern sind?

In der Tat: Eingebettet in eine globale Politik der verschärften Ausbeutung und Aggression hat das westdeutsche Kapital im eroberten Osten Deutschlands ganze Arbeit geleistet. Der Osten Deutschlands wurde ›kolonialisiert‹, wie der Träger des Menschenrechtspreises der Gesellschaft zum Schutz von Bürgerrechte und Menschenwürde (GBM) Fritz Vilmar bereits Anfang der 90er Jahre treffend feststellte.[21]

Definiert wird ›Kolonialisierung‹ als eine Herrschaftsbeziehung, in der die zentralen Entscheidungen durch eine kulturell verschiedene und nicht anpassungswillige Minderheit von Kolonialherren in deren Interesse beschlossen werden. Kolonisation hat primär wirtschaftliche Gründe, vorrangig durch den Zugriff auf Ressourcen. Damit geht mitunter eine Entvölkerung des eroberten Landes einher. Schließlich erschließt man durch Kolonien einen Absatzmarkt sowie billige Arbeitskräfte. Kolonien werden nie wirkliche Teile des Mutterlandes.[22]

Alle diese Merkmale treffen auf den Osten Deutschlands zu. Das Ergebnis nach zwei Jahrzehnten Kolonialpolitik wird zwar häufig als differenziert beschrieben. Vorteile im Warenangebot, bei der Verbesserung der Infrastruktur und der Nutzung formaler bürgerlich-demokratischer Rechte werden mit Nachteilen aufgerechnet. Obwohl das nicht zu bestreiten ist, halte ich von derartigen Betrachtungen nichts. Die dominierenden Ergebnisse aus 20 Jahren sind zu eindeutig, die Perspektive für den Osten Deutschlands ist zu verheerend, um sie als ›differenziert‹ zu betrachten. [...]

Wohlfahrtsverbände und international renommierte Forschungsinstitute sehen im Osten Deutschlands hohe und höchste Zukunftsrisiken voraus. Selbst die Deutsche Bank warnt vor Armut, Arbeitslosigkeit und Unzufriedenheit in den neuen Ländern.[26]

Es ist offenkundig: Ein ›Weiter so!‹ führt in den Abgrund. In der Tiefe ist ein Gebilde zu sehen: verödet, veraltet, aus eigener Kraft nicht überlebensfähig, spärlich am Leben erhalten durch milde Gaben aus dem Mutterland. Einen solchen weiteren Absturz müssen wir mit allen verfügbaren Mitteln verhindern.

Der Markt wird es nicht richten, die herrschende Politik auch nicht. [...]

Die Kanzlerin aus dem Osten ist gar der Meinung: Seit der Wiedervereinigung musste der Westen hinter dem Osten zurückstehen. Der Westen ist jetzt verstärkt am Zuge.[23] Ganz im Sinne der Kanzlerin fordern CDU-Ministerpräsidenten, Ostdeutschland nicht mehr gesondert zu behandeln und zu unterstützen.

Das OKV wendet sich entschieden gegen derartige Forderungen. Natürlich ist der Osten Deutschlands eingebettet in die gesamte Misere des kapitalistischen Systems in der BRD. Aber er hat seine dramatische eigene Spezifik. Wir stehen für beides:

Das System verändern und die ostdeutsche Situation verbessern. Wir fordern eine reale Einschätzung der Lage und vor allem wirksame Maßnahmen zur Verbesserung der Situation. [...]

Ich vertrete die Auffassung, dass zwei Forderungen in den politischen Mittelpunkt unseres Handelns zu stellen sind:

Zum ersten geht es darum, das Grundübel der wirtschaftlichen und sozialen Misere Ostdeutschlands klar zu benennen und schrittweise zu überwinden. Es besteht von Anfang an bis heute darin, dass die ostdeutsche Industrie als Konkurrenz westdeutscher Profitinteressen erbarmungslos platt gemacht wurde. [...]

Eine grundlegende Veränderung der wirtschaftlichen und sozialen Lage der Ostdeutschen ist nur möglich, wenn Industrie, industrienahe und sozial notwendige Dienstleistungen, Forschung und Bildung Träger der Entwicklung werden. Nicht erneuerte Innenstädte, Umgehungsstraßen und Freizeitparks schaffen nationalen Reichtum, sondern Forschung, Bildung und Industrie.

Es ist eine legitime Forderung, das Unrecht an den Ostdeutschen durch Raub des Volkseigentums und Deindustrialisierung teilweise dadurch wieder gutzumachen, dass Ostdeutschland zu einem Zentrum für zukunftsweisende Industriepolitik gestaltet wird.

Zum zweiten geht es darum, Ostdeutschland von der kolonialen Fessel des Billiglieferanten zu befreien. Ostdeutschland darf seine Konkurrenzfähigkeit nicht durch Billigprodukte und Zulieferungen an westdeutsche Konzerne unter Beweis stellen, sondern durch Spitzenprodukte. Dazu ist es notwendig, die ostdeutsche Kaufkraft zu erhöhen und durch ostdeutsche Produkte zu befriedigen.

Die sozialen Bedingungen in Form von Löhnen, Renten und Sozialleistungen sind endlich dem bundesdeutschen Durchschnitt

2050: Was vom Osten übrig bleibt ... Karikatur von Klaus Stuttmann, erschienen im Berliner Tagesspiegel *am 3. Mai 2007*

anzupassen – um dem Grundgesetz zu entsprechen. Anstatt mit Billionen neue Spekulationen zu finanzieren, ist mit Milliarden eine Teilwiedergutmachung für das geraubte Volkseigentum und die abgewerteten Spareinlagen der Ostdeutschen zu zahlen – damit sind Festlegungen des ›Staatsvertrages über die Wirtschafts-, Währungs- und Sozialunion vom 18. Mai 1990‹ durchzusetzen.

Uns ist klar, dass derartige Forderungen weder im Selbstlauf noch auf parlamentarischem Wege durchsetzbar sind. Die Linke im gesamten Spektrum ist gefordert. Was wir brauchen, ist eine politische Massenbewegung zur Durchsetzung unserer Ziele. Kolonien gewinnen dann ihre Identität zurück, wenn sie sich selbstbewusst aus der geistigen und materiellen Umklammerung des Mutterlandes befreien.

Geistig tragen wir den Bazillus des Sozialismus noch in uns. Wir müssen den ganzen Körper Bundesrepublik damit infizieren. Dazu brauchen wir eine Verbesserung unserer politischen Streitkultur.

Unser Ziel sollte darin bestehen, ein wesentlich breiteres Spektrum von Sympathisanten für unsere Ziele zu gewinnen. Zwei Drittel der deutschen Bevölkerung haben Merkel und Westerwelle nicht gewählt. Inzwischen sind 57 Prozent der Ostdeutschen der Meinung, dass die DDR mehr gute als schlechte Seiten hatte.[24] Dieses Protestpotenzial gilt es zu erschließen.

Dazu ist notwendig, Formen und Wege zu finden, diese Bevölkerungsschichten zu erreichen. Das war der Hauptgrund, weshalb sich das OKV entschlossen hat, unseren schon traditionellen Protest auf die Straße zu tragen. Auch in anderen Territorien Ostdeutschlands beginnen derartige Maßnahmen. Sie sollen 2010 ihren Höhepunkt finden.

Wir wissen, dass zum bevorstehenden 20. Jahrestag des Anschlusses der DDR die politisch herrschende Klasse alles unternimmt, um durch grenzenlose Verleumdung der DDR, Schönfärberei der gegenwärtigen Zustände und Konzeptionslosigkeit die Menschen zu verdummen.

Eine Spitzenposition besetzt dabei die aus dem Osten Deutschlands stammende und von real einem Drittel der Wahlberechtigten erneut auf den Regierungsthron gehobene Bundeskanzlerin. Verleumdungen der DDR wie ›Hinter dem Schießbefehl stand nichts weiter als pure Menschenverachtung. Auftrag und Selbstverständnis der bewaffneten Organe der DDR bestanden darin, von der Waffe Gebrauch zu machen. Das SED-Regime fußte auf einem alles durchdringenden Leben in Lüge.‹[25]

Ankündigungen ihrer politischen Ambitionen wie ›Der bewaffnete Einsatz im Ausland ist […] für die Bundeswehr eine Aufgabe, die uns noch viele Jahre durch das 21. Jahrhundert begleiten wird‹[26] zeigen uns, welcher Ungeist Regierungsverantwortung trägt. Es gilt diese ›Schande aus dem Osten‹ politisch bloßzustellen und zu entzaubern. Dazu werde ich auch weiterhin meinen persönlichen Beitrag leisten.

Es ist überlebensnotwenig, den entschiedenen Widerstand gegen diese gefährliche Innen, Außen und Ostdeutschlandpolitik zu organisieren. Deshalb rufen wir alle linken und linksgerichteten Parteien, Organisationen und Verbände, die bisher noch nicht den Weg zu unserem wirksamen Protest gefunden haben, auf, künftig daran teilzunehmen. Natürlich begrüßen wir alle eigenständigen Aktivitäten von Organisationen und Vereinen, die in gleiche oder ähnliche Richtung gehen. Politische Wirkung werden wir aber vorrangig dann erzielen, wenn wir gemeinsam und koordiniert politische Höhepunkte mit Massenbeteiligung schaffen.

Bei unseren politischen Aktivitäten sollten wir dem politischen Gegner nicht ständig auf den Leim gehen, uns nicht in rückwärtsgewandte Abwehrschlachten verwickeln lassen. Auch eine Verklärung unserer Vergangenheit ist fehl am Platze. Wir haben in der Vergangenheit unter schwierigsten Bedingungen gekämpft, dabei aber auch Fehler begangen und eine Niederlage erlitten.

Jedoch: Wir haben um ein Gesellschaftssystem gerungen, das dem kapitalistischen haushoch überlegen ist. Das wird täglich immer mehr spürbar, und es wird immer mehr Menschen – manchmal mehr instinktiv als rational – bewusst. Nutzen wir diese Entwicklung, indem wir das Denken und auch die Emotionen dieser Menschen erreichen.

Dabei sollten wir sowohl über den Inhalt, aber auch über die Formen und die Sprache unseres Wirkens nachdenken. Mit abstrakten theoretischen Erwägungen und unendlich langen Pamphleten erreichen wir nicht viele. Was wir brauchen, ist eine lebendige, auf den Punkt bezogene Aussage, anknüpfend an die besten Traditionen der deutschen Arbeiterklasse. Die Thälmannschen Aufrufe erforderten eine Seite, um Menschenmassen zu mobilisieren. In Zeiten der Mediendominanz durch die herrschende Klasse sollten wir neue Wege suchen und finden, um unsere Auffassungen einer breiteren Öffentlichkeit zugänglich zu machen.

Dabei kommt der jüngeren Generation eine besondere Bedeutung zu. Vorrangig in ihrem Interesse führen wir den Kampf um eine bessere Zukunft. Auch wir als OKV haben unsere Möglichkeiten zur Einbeziehung der jüngeren Generation noch nicht ausgeschöpft. Wir werden uns anstrengen, noch mehr jüngere Menschen in unsere Aktivitäten einzubeziehen. Dabei gilt es auch, die Möglichkeiten des Internet noch wesentlich besser auszuschöpfen. Das OKV und viele seiner Mitgliedsverbände haben mit ihren Internetplattformen dazu wichtige Schritte unternommen. Wir werden diese Präsenz weiter und noch professioneller ausbauen.

Alle linken Kräfte sind sich darin einig, dass mit der nach der Bundestagswahl wirkenden schwarz-gelben Regierung die Zuspitzung der sozialen Widersprüche in Deutschland und die kriegerischen Abenteuer durch Deutschland zunehmen werden. Wer Merkel gewählt hat, hat den radikalen Sozialabbau und neue Kriegsabenteuer gewählt. Dem zu begegnen, erfordert zwingend, dass sich die linken Kräfte enger zusammenschließen.

Wir betrachten es dabei als wenig hilfreich, wenn der Vorsitzende des DGB erklärte, den Kampf gegen die Krise nicht wie in Frankreich auf der Straße, sondern auf Konferenzen austragen zu wollen. Wir brauchen keine Konferenzen über etwas, was dem Wesen nach klar ist. Wir brauchen Aktionen zur Veränderung. Dazu ist gerade das Zusammenwirken mit den Gewerkschaften von großer Bedeutung. Es ist erfreulich, dass Einzelgewerkschaften öffentlich mobil machen. Damit wird Frau Merkel und Herrn Westerwelle rechtzeitig klargemacht, dass Politik nicht in Hinterzimmern von Parteizentralen, sondern in der Öffentlichkeit gestaltet wird. Deshalb begrüßen wir sehr den Beschluss der Partei DIE LINKE, in dem es heißt: ›Der weitere Verlauf der Krise entscheidet sich auf der Straße. Die LINKE wird daher in Bündnissen mit sozialen Bewegungen und Gewerkschaften massiv alle Proteste und Widerstandsaktionen vorantreiben sowie begleiten. Das OKV mit seinen Verbänden versteht sich als nicht unwesentlicher Teil dieser Protestbewegung.‹[27] Nun ist es an der Zeit, diesen Beschluss auch in die Tat umzusetzen.

Zum Kämpfen gehört auch zunehmend ziviler Widerstand. Wir sind schon viel zu weit in das scheinheilig demokratische, aber dem Wesen nach ausbeutende System integriert. Nicht jede Gebührenerhöhung muss beglichen, nicht jeder Verwaltungsakt umgesetzt, nicht jedem Gerichtsbescheid entsprochen werden. Seien wir mutiger, und widersetzen wir uns gemeinsam!

›Wir müssen in Ostdeutschland wieder zum aufrechten Gang zurückfinden‹, sagt Hans Modrow in einem Interview.[32] ›Wehe dem Sieger‹ hat Daniela Dahn vorhin signiert. Jawohl: Im aufrechten Gang und wehe dem Sieger – das sind die richtigen Losungen. Dann wird aus dem Sieger letztlich ein Besiegter. Schließen wir die Reihen enger. Lassen wir Trennendes beiseite. Werden wir offensiver und zukunftsorientierter. Zeigen wir dem politischen Gegner, dass mit uns nach wie vor zu rechnen ist.«

Anmerkungen

1 Bundeszentrale für politische Bildung, *www.bpb.de/wissen/CHTDJW.html*
2 Angela Merkel, Rede zur der Eröffnung des 9. Deutschen Seniorentags am 8. Juni 2009 in Leipzig
3 Angela Merkel, Rede auf dem Weltwirtschaftsforum in Davos, 30. Januar 2009
4 Arbeitsgruppe Alternative Wirtschaftspolitik, Memorandum 2008. Köln 2008, S. 46
5 ebenda
6 Wolfram Weimer, Deutsche Wirtschaftsgeschichte, Hamburg 1998, S. 48

7 ebenda
8 ebenda
9 Stephan Leibfried, Wir brauchten eine Art New Deal. In: *Der Tagesspiegel*, 22. August 2005
10 Norbert Peche, Selbst ist das Volk. Berlin 2007, S. 171
11 Ulrich Busch, Wolfgang Kühn, Klaus Steinitz, Entwicklung und Schrumpfung in Ostdeutschland. Aktuelle Probleme im 20. Jahr der Einheit. Hamburg 2009
12 vgl. Buchrezension Klaus Blessing, Der Osten Deutschlands – Erfolgsgeschichte oder Absturz? In: Zeitschrift *Sozialismus* Heft 10/2009
13 »Leitbild Ostdeutschland 2020« – Studie im Auftrag der Fraktionsvorsitzendenkonferenz der Partei DIE LINKE in den Landtagen und im Deutschen Bundestag,
14 Ostdeutsches Kuratorium von Verbänden e.V. »Staatlich vereint – politisch, wirtschaftlich und sozial gespalten. Die Deutsche Einheit erfordert neue Perspektiven.« Berlin, Februar 2009
15 Koalitionsvertrag zwischen CDU, CSU und FDP 2009
16 »Leitbild Ostdeutschland 2020«, a. a. O.
17 Busch, Kühne, Steinitz, a. a. O., S. 165
18 Nobert Peche, a. a. O., S. 158, 187
19 Daniela Dahn, Wehe dem Sieger, Berlin 2009, S. 294
20 Heinz Florian Oertel, Gott sei Dank. Das Neue Berlin, Berlin 2007, S. 77
21 Wolfgang Dümke, Fritz Vilmar, Kolonialisierung der DDR. Münster 1996, S. 14
22 elektronisches Lexikon *Wikipedia*
23 Angela Merkel im Interview mit *Cicero*, 17. Dezember 2008
24 *Der Tagesspiegel*, 2./3. Oktober 2009
25 Angela Merkel, Vor 20 Jahren – am Vorabend der friedlichen Revolution, Rede am 8. Mai 2009, sowie 60 Jahre soziale Marktwirtschaft, Rede am 12. Juni 2008
26 Angela Merkel, Rede zur erstmaligen Vergabe des »Ehrenkreuzes der Bundeswehr für Tapferkeit« am 6. Juli 2009
27 »Leitbild Ostdeutschland 2020«, a. a. O.

Anlagen

Nicht „Hilfe" — sondern „Treugut zurückgeben"

Biedenkopf: Lastenausgleich von vielen in BRD akzeptiert

Bonn (ADN). Der Grundgedanke eines Lastenausgleichs, den die BRD an die DDR zu zahlen verpflichtet sei, werde heute von vielen in der BRD akzeptiert, betonte Prof. Biedenkopf weiter. „Es ist ja offensichtlich, daß die DDR fast allein die Last der Reparationen getragen hat", sagte er zu der Tatsache, daß 98 Prozent der Reparationslasten von den DDR-Bürgern aufgebracht wurden. „Mir geht es darum, deutlich zu machen, daß wir, wenn wir jetzt der DDR Ressourcen zur Verfügung stellen, das nicht unter der Überschrift ‚Hilfe' oder gar ‚altruistische Hilfe' subsummieren können, sondern daß es für uns eine Verpflichtung gibt."

Die Bundesrepublik hat nach Ansicht des CDU-Abgeordneten dadurch, daß die DDR die Reparationen allein getragen habe, auch noch mittelbar einen Vorteil gehabt. Sie sei entlastet worden. Man müsse, so Prof. Biedenkopf, die Bundesrepublik in diesem Fall als einen „Treuhänder" ansehen für die Bevölkerung der DDR in bezug auf dieses gewissermaßen ersparte Kapital, „mit dem wir ja arbeiten konnten. Und dieses Treugut muß man natürlich zurückgeben."

Auf die Frage, ob er die Berechnungen von Dr. Peters bestätigen könne, daß jeder DDR-Bürger 16 124 Mark Belastung tragen mußte gegenüber nur 126 Mark für jeden BRD-Bürger, sagte der CDU-Politiker: „Das habe ich nicht nachgeprüft. Aber was ich sagen kann, ist, daß die Menschen in der DDR ein Vielfaches dessen haben aufwenden müssen, was wir aufgewendet haben."

Prof. Dr. Kurt Biedenkopf: Es gibt eine Verpflichtung zu zahlen. Meldung von ADN in: Neues Deutschland, 2./3. Dezember 1989

Bevölkerung und Arbeitsmarkt		
Bevölkerung der DDR	Tsd. Personen	16.434
Bevölkerung DDR ohne Berlin	Tsd. Personen	15.155
Berufstätige der DDR	Tsd. Personen	8.547
dav. In prod. Bereichen	Tsd. Personen	6.704
dav. Industrie	Tsd. Personen	3.187
Berufstätige DDR ohne Berlin	Tsd. Personen	7.850
Leistung und Produktivität		
Gesellsch. Gesamtprodukt	Mrd.M Pb 89	827,0
dav. Industrie	Mrd.M Pb 89	574,1
Prod. NEK	Mrd.M Pb 89	273,7
Arbeitsproduktivität	M NEK/ je Berufstätiger	38.759
Arbeitsproduktivität	M NEK je Einwohner.	16.472
Investitionen		
Investitionen gesamt	Mrd. M	77,1
dar. Ausrüstungen	Mrd. M	44,0
Außenhandel		
Export	Mrd. Valutagegenwert	141,1
Exportquote	%-Anteil am GGP	17,1
Import	Mrd. Valutagegenwert	144,7
Einkommen und Verbrauch		
Monatl. Bruttoeink. Je Besch.	Mark im Monat	1.311
Monatl. Nettoeink. Je Besch.	Mark im Monat	1.136
Nettogeldeinnahmen der Bev.	Mrd.M	167,5
Nettogeldeinnahmen je EW	Mark je EW im Jahr	10.192
Sparguthaben der Bev.	Mrd. M	160,0
Sparguthaben je EW	Mark je EW	9.736
Einzelhandelsumsatz	Mrd. M	130,9
Einzelhandelsumsatz je EW	Mark je EW im Jahr	7.965
Soziales und Bildung		
Sozialleistungen	Mrd. M	32,4
In Kindergärten betreute Kinder	Je 1000 Kinder im KG-Alter	951
Betreuungsgrad Kinderkrippen	Je 1000 Kinder im KKR-Alter	802
Einwohner je Arzt		414
Studierende an Fachschulen	Tsd. Personen	153
Studierende an Hochschulen	Tsd. Personen	131

Datenquelle: Statistisches Jahrbuch der DDR 90

Pro-Kopf-Kennziffern im Vergleich DDR-BRD 1988

		DDR	BRD	Welt	Anteil DDR/BRD in %
Produktionskennziffern					
Je Einwohner					
Elektroenergieerzeugung	kWh	**7100**	7017	2059	**101,2**
Rohstahlproduktion	kg	**488**	668	134	**73,1**
Zementproduktion	kg	**751**	427		**175,9**
Benzinproduktion	kg	**286**	321		**89,1**
PKW - Produktion	Stück	**131**	702	65	**18,7**
Produktion synth. Fasern	kg	**10,7**	13,4	2,5	**79,9**
Produktion von Papier	kg	**82**	174	42	**47,1**
Buttererzeugung	kg	**18,3**	6,7		**273,1**
Produktion von Zucker	kg	**47**	45	20	**104,4**
Fischfang	kg	**16**	3	18	**533,3**
Produktion von Bier	Liter	**147**	152		**96,7**
Je 10.000 Einwohner					
Prod. Von Rundfunkempf.	Stück	**731**	774		**94,4**
Prod. Von Fernsehempf.	Stück	**464**	608		**76,3**
Prod. Von el. Waschmaschinen	Stück	**503**	370		**135,9**
Prod. Von Kühlschränken	Stück	**674**	555		**121,4**
Hektarerträge					
Hektarertrag Weizen	dt je ha	**48,3**	68,4		**70,6**
Hektarertrag Roggen	dt je ha	**29,4**	41,7		**70,5**
Hektarertrag Kartoffeln	dt je ha	**261**	373		**70,0**
Verbrauchskennziffern					
Nahrungsverbrauch je Tag	Kalorien	**3800**	3476	2694	**109,3**
Fleischverbrauch im Jahr	kg	**106,8**	103,5		**103,2**
Butterverbrauch im Jahr	kg	**10,7**	7,7		**139,0**
Zuckerverbrauch im Jahr	kg	**41,4**	34,9		**118,6**
Gemüseverbrauch im Jahr	kg	**106**	74,4		**142,5**
Obst und Südfrüchte im Jahr	kg	**76,9**	134,3		**57,3**
Getreideverbrauch im Jahr	kg	**99,3**	76,9		**129,1**
Kartoffelverbrauch im Jahr	kg	**156,1**	77,7		**200,9**
Weinverbrauch im Jahr	Liter	**12**	21		**57,1**
Bierverbrauch im Jahr+A5	Liter	**141**	144		**97,9**
Bestandskennziffern					
Wohnungsbestand		**420**	450		**93,3**
Neu geb. Wohnungen je 10.000 EW		**56**	34		**164,7**
Telefonanschlüsse je 1000 EW		**239**	680		**35,1**
KFZ-Bestand PKW je 1000 EW	Stück	**225**	470		**47,9**
Ärzte je 10.000 EW	Anzahl	**25**	28,7		**87,1**

Datenquelle: Statistisches Jahrbuch der DDR '90

Monatliche Brutto- und Nettolöhne je Arbeitnehmer

DDR in Mark

	Brutto	Netto	Preisindex gg. 1980
1975	897	778	
1980	1030	885	100
1985	1140	995	107,1
1989	1311	1136	112,3
Jahresdurchschnitt		**2,7**	**1,3**

BRD in DM

	Brutto	Netto	Preisindex gg. 1980
1975	1830	1348	
1980	2466	1766	100
1985	2887	1991	120,7
1989	3238	2219	125,4
Jahresdurchschnitt		**3,6**	**2,5**

Datenquellen: Statisches Jahrbuch DDR `90; Statistisches Jahrbuch BRD 1998; Statistisches Taschenbuch Min. F. Ges u. Soziales 2004

Ausgaben 4-Personenhaushalt Arbeiter und Angestellte mittleren Einkommens

	DDR 1989		**BRD 1989**	
	Mark	%	DM	%
Nahrungsmittel, Getränke	744	38,6	790	23,9
Bekleidung, Schuhe	420	21,8	269	8,1
Wohnungsmieten, Energie	89	4,6	873	26,4
Möbel, Haushaltsgeräte	587	30,5	283	8,6
Güter für Gesundheits- und Körperpflege	k.A.		112	3,4
Güter für Verkehr u. Nachrichtenübermittl.	20	1,0	512	15,5
Güter für Bildung, Unterhaltung, Freizeit	67	3,5	350	10,6
Güter für Pers. Ausstattung, Reisen			118	3,6
Lebenshaltung insgesamt	**1927**	**100,0**	**3307**	**100**

Datenquelle: Statistisches Jahrbuch der DDR `90; Statistisches Jahrbuch BDR 1998

Preisindex der Lebenshaltung 4-Personenhaushalt Arbeiter u. Angestellter mittleren Einkommens

	DDR 1989/80	BRD 1989/80	BRD 1998/91
Nahrungsmittel, Getränke	103,5		111,5
Bekleidung, Schuhe	132,1		110,2
Wohnungsmieten, Energie	100,4		130,7
Möbel, Haushaltsgeräte	121,2		111,1
Güter für Gesundheits- und Körperpflege	125,7		133,4
Güter für Verkehr u. Nachrichtenübermittl.	115,3		115
Güter für Bildung, Unterhaltung, Freizeit	110,1		116
Güter für Pers. Ausstattung,	112,4		124,4
Lebenshaltung insgesamt	**112,3**	**125**	**117,3**

Datenquelle: Statistisches Jahrbuch der DDR `90; Statistisches Jahrbuch der BRD 1998

Preisniveau ausgewählter Produkte DDR 1989 und Preisdynamik gegenüber 1970 und 1980

		Mark	% zu 1980	% zu 1970
Nahrungs- und Genussmittel				
Speisekartoffeln	kg	0,23	100	127,8
Frischgemüse	kg	1,71	127,6	172,7
Frischobst	kg	2,08	111,8	115,6
Weizenmehl	kg	1,35	104	104
Brötchen	Stück	0,05	100	100
Brot, dunkel	kg	0,85	100	100
Weißzucker	kg	1,58	101,9	101,9
Butter	kg	8,98	97,9	91,2
Margarine	kg	3,15	105,4	91,2
Bier	Liter	1,93	110,8	121
Zigaretten	Stück	0,16	106,7	123,1
Röstkaffee	kg	71,36	102,5	109,8
Bekleidung				
Herren-Strassenschuhe	Paar	103,19	148,6	263,7
Kinder-Strassenschuhe	Paar	25,45	121,7	131,3
Herren-Anzüge	Stück	408,69	142,8	174,9
Damen-Kleider	Stück	208,29	142,2	317,5
Mädchenkleider	Stück	29,02	100,7	105,3
Knabenanzüge	Stück	59,27	129,2	151,2
Bettwäsche	Stück	26,81	99	163
Handtücher	Stück	8,48	153,1	154,2
Haushaltsgeräte				
Waschmaschinen	Stück	1.935	158,7	232
Handstaubsauger	Stück	167	96,7	120,3
Elektroherde	Stück	745	105,6	135,2
Kinderwagen	Stück	588	154,8	206,9
Schwarz-Weiss-Fernseher	Stück	1720	94,4	121,3
Farbfernseher	Stück	5298	112,3	151,4
PKW	Stück	18.979	124,3	153,1
Motorräder	Stück	4227	141,4	165,7

Datenquelle: Helmut Weiß, Verbraucherpreise in der DDR, Schkeuditz 1998

Die Entwicklung der DDR im Verhältnis zur BRD zwischen 1970 und 1989

		DDR			BRD			Anteil DDR/BRD	
		1970	1989	1989/70	1970	1989	1989/70	1970	1989
Gesamtkennziffern									
Bevölkerung	Tsd. Pers.	17058	16616	**97,4**	60651	62063	**102,3**	28,1	**27,5**
Erwerbstätige	Tsd. Pers.	8736	9747	**111,6**	26618	29353	**110,3**	32,8	**33,2**
dar. Industrie	Tsd. Pers.	3576	3794	**106,1**	10085	8855	**87,8**	35,5	**42,8**
Bruttoinlandsprodukt.	Mrd. € - Pb95	113	207,9	**184,0**	897	1400	**156,1**	12,6	**14,9**
dar. Industrie	Mrd. € - Pb95	40,4	76,5	**189,4**	303	401,4	**132,5**	13,3	**19,1**
Verwendung des BIP	Mrd. € - Pb95	118,1	202,1	**171,1**	876,2	1322,4	**150,9**	13,5	**15,3**
dar. Konsumtion	Mrd. € - Pb95	88,4	155	**175,3**	619,2	1018,9	**164,6**	14,3	**15,2**
dar. Investition	Mrd. € - Pb95	29,7	47,1	**158,6**	257	303,5	**118,1**	11,6	**15,5**
Export	Mrd. € - Pb95	14,8	47,0	**317,6**	162,5	396,8	**244,2**	9,1	**11,8**
Import	Mrd. € - Pb95	20	41,1	**205,5**	141,7	319,6	**225,5**	14,1	**12,9**
Arbeitsproduktivität									
je Einwohner	€ je Person	6624	12512	**188,9**	14790	22558	**152,5**	44,8	**55,5**
je Erwerbst.	€ je Person	12935	21330	**164,9**	33699	47695	**141,5**	38,4	**44,7**
je Erwerbst. d. Industrie	€ je Person	11298	20163	**178,5**	30045	45330	**150,9**	37,6	**44,5**
Quote d. Erwerbstätigkeit	% der Einw.	51,2	58,7	**114,5**	43,9	47,3	**107,8**	116,7	**124,0**
Verwendung des BIP									
Inlandsrate	% des BIP	104,5	97,2	**93,0**	97,7	94,5	**96,7**	107,0	**102,9**
Konsumtionsrate	% des BIP	78,2	74,6	**95,3**	69,0	72,8	**105,4**	113,3	**102,4**
Akkumulationsrate	% des BIP	26,3	22,7	**86,2**	28,7	21,7	**75,7**	91,7	**104,5**
Außenwirtschaft									
Exportquote	% des BIP	13,1	22,7	**173,0**	18,1	28,3	**156,5**	72,3	**79,9**
Importquote	% des BIP	17,7	19,8	**111,7**	15,8	22,8	**144,5**	112,0	**86,6**

Datenquelle: Gerhard Heske Zentrum für Sozialforschung Köln, Heft Nr. 17, 2005

Die Entwicklung der sogenannten Neuen und Alten Bundesländer von 1989 bis 2007

Neue Bundesländer (ohne Berlin)

		1989	1991	2007	2007/1989	2007/1991
Bevölkerung	Tsd. Pers.	15155	14509	13188	**87,0**	**90,9**
Abwanderer Ost nach West	Tsd. Pers. kum.	388	1033	3970		
Zuwanderer West nach Ost	Tsd. Pers. kum.	5	121	2260		
Erwerbstätige	Tsd. Pers. kum.	8890	6795	5724	**64,4**	**84,2**
dar. Produz. Gewerbe	Tsd. Pers. kum.	3576	1991	963	**26,9**	**48,4**
dar. Finanz- u. Untern. DL	Tsd. Pers. kum.	177	407	867	**489,8**	**213,0**
dar. Öffentl. u. Priv. DL	Tsd. Pers. kum.	2137	1831	1914	**89,6**	**104,5**
Bruttoinlandsprodukt	Mrd. € Pb95	187,1	107,3	278,4	**148,8**	**259,5**
dar. Prod. Gewerbe	Mrd. € Pb95	71,7	21,8	57,2	**79,8**	**262,4**
dar. Finanz- u. Untern. DL	Mrd. € Pb95	12	11,1	62,9	**524,2**	**566,7**
dar. Öffentl. U. Priv. DL	Mrd. € Pb95	51,9	32,3	67,7	**130,4**	**209,6**
BIP ohne Finanzdienstleistg.	Mrd. € Pb95	175,1	96,2	215,5	**123,1**	**224,0**

Alte Bundesländer

		1989	1991	2007	2007/ 1989	2007/ 1991	Anteil NBL/ABL% 1989	Anteil NBL/ABL% 2007
Bevölkerung	Tsd. Pers.	60549	62327	65662	108,4	105,4	**25,0**	**20,1**
Erwerbstätige	Tsd. Pers. kum.	28327	30153	32408	114,4	107,5	**31,4**	**17,7**
dar. Produz. Gewerbe	Tsd. Pers. kum.	9073	8996	6799	74,9	75,6	**39,4**	**14,2**
dar. Finanz- u. Untern. DL	Tsd. Pers. kum.	2899	3118	5637	194,4	180,8	**6,1**	**15,4**
dar. Öffentl. u. Priv. DL	Tsd. Pers. kum.	7740	7553	9443	122,0	125,0	**27,6**	**20,3**
Bruttoinlandsprodukt	Mrd. € Pb95	1348,8	1364	2061,8	152,9	151,2	**13,9**	**13,5**
dar. Prod. Gewerbe	Mrd. € Pb95	406,2	392,8	496,4	122,2	126,4	**17,7**	**11,5**
dar. Finanz- u. Untern. DL	Mrd. € Pb95	322,6	297,6	549,5	170,3	184,6	**3,7**	**11,4**
dar. Öffentl. u. Priv. DL	Mrd. € Pb95	277,4	241,4	384,5	138,6	159,3	**18,7**	**17,6**

Datenquelle: Gerhard Heske Zentrum für Sozialforschung Köln, Heft Nr. 17, 2005

ISBN 978-3-360-01816-8

Umschlaggestaltung: Buchgut, Berlin
unter Verwendung von Fotos von picture alliance/akg-images,
Zeichnungen auf Banknoten der DDR
Druck und Bindung: CPI Moravia Books GmbH

Ein Verlagsverzeichnis schicken wir Ihnen gern:
Das Neue Berlin Verlagsgesellschaft mbH
Neue Grünstr. 18, 10179 Berlin
Tel. 01805/30 99 99
(0,14 Euro/Min. Mobil abweichend)

Die Bücher des Verlags Das Neue Berlin und der edition ost erscheinen in der Eulenspiegel Verlagsgruppe

www.edition-ost.de